2022年度教育部人文社会科学研究一般项目"边疆少数民族地区高校'双创'教育与乡村振兴战略实施的耦合发展研究"（22YJC880084）的研究成果

地方高校"双创"教育

与

乡村振兴战略实施的耦合研究

韦联桂／著

西南财经大学出版社

中国·成都

图书在版编目(CIP)数据

地方高校"双创"教育与乡村振兴战略实施的耦合研究/韦联桂著.—
成都:西南财经大学出版社,2024.4
ISBN 978-7-5504-6114-7

Ⅰ.①地… Ⅱ.①韦… Ⅲ.①地方高校—创造教育—教学研究—
中国②农村—社会主义建设—研究—中国 Ⅳ.①G640②F320.3

中国国家版本馆 CIP 数据核字(2024)第 046236 号

地方高校"双创"教育与乡村振兴战略实施的耦合研究

DIFANG GAOXIAO "SHUANGCHUANG" JIAOYU YU XIANGCUN ZHENXING ZHANLÜE SHISHI DE OUHE YANJIU

韦联桂 著

责任编辑:王 利
责任校对:植 苗
封面设计:墨创文化
责任印制:朱曼丽

出版发行	西南财经大学出版社(四川省成都市光华村街55号)
网 址	http://cbs.swufe.edu.cn
电子邮件	bookcj@swufe.edu.cn
邮政编码	610074
电 话	028-87353785
照 排	四川胜翔数码印务设计有限公司
印 刷	郫县犀浦印刷厂
成品尺寸	170mm×240mm
印 张	11.75
字 数	194 千字
版 次	2024 年 4 月第 1 版
印 次	2024 年 4 月第 1 次印刷
书 号	ISBN 978-7-5504-6114-7
定 价	78.00 元

前　言

　　党的二十大报告明确指出，要全面推进乡村振兴①。乡村全面振兴与发展，人才是关键。乡村振兴战略的全面实施必须要以一批高素质专门人才特别是"有情怀、有技能、敢闯会创"的"双创"（创新创业）人才为支撑。地方高校"双创"教育是以培养学生"双创"精神、意识和能力为核心的一种教育范式，在助力乡村产业、人才、文化、生态、组织高质量发展方面与实施乡村振兴战略的要求相契合。地方高校高质量发展"双创"教育是国家"双创"战略在乡村落地、助推乡村振兴战略有效实施的重要支撑，乡村振兴战略的全面实施又为地方高校"双创"教育提供了路径选择与发展空间，它们之间存在一种耦合关系。基于当前实施"众创"和"乡村振兴"战略的时代背景，地方高校"双创"教育与实施乡村振兴战略的耦合发展，不仅是"双创"教育与乡村振兴关系的新飞跃，也是地方高校"双创"教育可持续高质量发展的新要求。

　　基于此，本书以地方高校"双创"教育与实施乡村振兴战略的耦合关系为题，第一章阐述了高校"双创"教育的内涵、内容及发展概况；第二章阐述了乡村振兴战略的科学内涵、逻辑构成、时代价值及实施要求；第三章主要论述地方高校"双创"教育与实施乡村振兴战略的耦合机理和耦合关系；第四章探究实施乡村振兴战略背景下地方高校"双创"教育的现状、地方高校"双创"教育服务乡村振兴战略的状况、地方高校"双创"教育与实施乡村振兴战略耦合中存在的问题及其成因；第五章研究地方高校"双创"教育与实施乡村振兴战略的耦合发展机制、策略及路径与措施。

　　本书逻辑清晰，内容全面，从地方高校"双创"教育与实施乡村振兴

---

　　① 习近平. 习近平著作选读：第 1 卷 [M]. 北京：人民出版社，2023：25.

战略的基本理论出发，由浅入深、由表及里，层层递进，深入解读高校"双创"教育与乡村振兴战略的内涵，深入阐述了地方高校"双创"教育与实施乡村振兴战略的耦合机理和耦合关系，分析两者耦合现状、存在的问题及其成因，深入探究其耦合发展机制、策略及路径与措施，对地方高校深化"双创"教育改革、助力乡村振兴战略全面实施提供参考。

本书的撰写得到诸多专家、学者的帮助与指导，同时也借鉴、参考了他们的大量研究成果，在此表示真诚的感谢。笔者的研究视野、精力和水平有限，书中难免会有疏漏或不够严谨的地方，恳请广大读者和专家、学者不吝斧正，笔者定将欣然采纳，并在后续研究中竭力予以完善。

韦联桂

2024 年 1 月 1 日

目　录

第一章 高校"双创"教育概论

党的二十大报告明确提出，要深入实施创新驱动发展战略，塑造发展新动能新优势①。高校"双创"教育是深入实施创新驱动发展战略、促进社会经济高质量发展的迫切需要，是深入推进高校综合改革、促进高校大学生更充分更高质量创业就业的重要举措。近年来，各地高校以高质量发展"双创"教育为抓手，深入实施创新驱动发展战略，为社会培养和输送了一大批高素质"双创"人才。特别是随着"大众创业、万众创新"的不断深入推进，赋予了高校"双创"教育新的独特内涵，同时也对高校高质量发展"双创"教育提出了新的更高要求。

第一节 高校"双创"教育内涵分析

一、创新与创新教育的内涵

（一）创新

"创新"（innovation）一词源自拉丁文 innovate，有"更新、创造新东西和改变"之意。它是一个宽泛的概念，可广泛应用于人类社会生活的各个领域。在本书中，创新指的是主体在已有的社会资源基础上发明新技术、新产品、新思想和新方法等新生事物的一种行为活动，其主要包括两个方面内容：其一，它不是"无源之水""无本之木"，是主体在已有的社会成就基础上才得以实现的；其二，它是一个相对性的概念，也就是相对于当前已有的社会成果来说是一个新生事物。"创新是民族进步的灵魂，是社会蓬勃发展的动力。中国特色社会主义伟大事业的蓬勃发展，中华民

---

① 习近平. 习近平著作选读：第 1 卷 [M]. 北京：人民出版社，2023：28.

族复兴伟业的实现，迫切需要培养一大批具有创新精神的合格人才。"①

1. 创新的意义

创新是推动人类社会发展前进的不竭动力源泉，它具有宏观和微观两个层面的意义。

（1）从宏观层面上来说，创新对一个国家和民族的繁荣兴盛具有决定性作用。随着经济全球化的深入发展（当然，目前也出现了反全球化浪潮），国家与国家之间的竞争已经演变为创新能力的竞争。从经济学角度来看，创新直接促进科学技术的进步，将新技术应用到生产实践中又会推动生产设备及相关技术的更新换代，对劳动者的业务能力和综合素养具有一定的提升作用，这些综合因素会推动产生先进的生产力。从社会学角度来看，理论创新会促进制度、技术等创新形式出现，进而带来生产关系及社会政治、经济、文化等制度方面的革新与发展。从文化角度来看，创新推动人类思维方式的转变和文化的发展。思维方式的变化受人的实践方式影响，行为方式作用于思维方式。理论创新和实践创新相辅相成、相互作用，共同推动科学技术革新，有助于开阔人类的认识眼界，扩大认知范围，进而推动人类思维的转变和发展。因此，作为重要的行为方式之一，创新推动人类思维方式的发展与变革。此外，文化的改变同样需要革新行为方式，创新也推动着人类文化的繁荣发展。

（2）从微观层面上来说，创新对个人的成长进步至关重要，是个人在工作中保持持久活力的动力源。创新是人为解决问题、创造更好的生活而必须做出的一种行为，是人的主观需求。创新行为是人对原有事物或者思维进行分解，再利用思维进行加工重组，创造出不同于原来的新事物或新思维。创新也是人类认识和改造世界的实践活动和勇于开拓的精神状态的协调统一。社会的发展会促使人产生新的物质或精神需求，这种需求会推动人类在现有的物质或精神活动基础上，创造出更加能满足需求、更充分体现自身价值的新物质或新精神。这一满足更高需求、体现自身价值的实践过程就是创新。

2. 创新的分类

创新可以从不同的维度上进行分类。

---

① 赵研，纪长伟. 新形势下地方高校双创教育现状及对策路径［J］. 中国商论，2021（22）：178.

（1）从表现的形式来划分，创新包括理论创新、文化创新、科技创新、服务创新、产品创新、管理创新等。

（2）从服务的领域来划分，创新包括教育创新、民生创新、工业创新、农业创新、商业创新、医疗创新、通信创新、金融创新等。

（3）从行为的主体来划分，创新包括个人创新、企业创新、高校创新、科研机构创新、政府部门创新、中介服务机构创新等。

（4）从组织的形式来划分，创新包括独立创新、联合创新、引进创新等。

（5）从过程的变化来划分，创新包括演化性创新、革命性创新等。

（6）从实践的效果来划分，创新包括有价值创新、无价值创新、负效应创新等。

（7）从创新的程度来划分，创新包括首创型创新、改创型创新、仿创型创新等。

（8）从管理对象的差异性来划分，创新包括知识创新、技术创新、制度创新等。

3. 创新的特点

创新是对重复、简单劳动方式的否定，是对原有事物进行根本性变革或综合性改造。它主要具有以下特点：

（1）目标性。创新的目标是在一定时期内通过创新活动所要达到的预期结果。不同的创新活动具有不同目标，企业创新活动目标是提高核心竞争力，从而赢得市场。

（2）变革性。创新是对原有事物的改革和革新，是一种深刻的变革。只要变革方向正确、目标明确，就可以打破已有限制，获得更大的生存空间。

（3）新颖性。创新是摒弃现有的不合理的事物，清除不合时宜的内容，创造出前所未有的东西。

（4）前瞻性。创新是相对于他人的首创行为，它往往会超前于当前社会认识，能把握到未来事物的发展方向。

（5）价值性。创新主要通过创造更多价值来获得顾客、赢得企业的成功，由此开辟一个全新的、非竞争性的市场空间。

（二）创新教育

创新教育（educational innovation）诞生于 20 世纪 40 年代，70 年代后期在国外主要发达国家迅速兴起。在国内，20 世纪 90 年代才正式提出和使用"创新教育"这一概念。目前，国内对创新教育的界定为：以创新意识、思维、知识、能力与人格为主要培养目的的，不同于接受教育、应试教育、传统教育的一种新型教育活动。国外将创新教育划分为广义和狭义两大类。广义的创新教育强调其与以往传统教育形式不同，注重提高个人的创新能力与素质；狭义的创新教育强调的是以培养具有创新意识、精神、思维、能力和人格的专门人才为目标的教育活动。所谓创新人才，是指那些拥有冒险精神或具有创新精神、能力、思维的顺应时代发展潮流的新型人才。

创新教育是反映时代最新发展要求的一种新型教育活动，它既包括对整个大环境的分析与判断能力，又涵盖学习知识、利用资源、捕捉商机、预测及控制风险、协调沟通等能力。从这个角度来说，促进个体去创新、提高个体创新思维及能力的教育，都可叫作"创新教育"。它具有鲜明的时代特征：一是探索性。讨论、探究是创新教育的关键部分。如果日常生活中没有研究、探讨，就不可能产生积极的、创造性的活动。二是开放性。创新教育是鼓励打开眼界、激发创造潜能的活动，它不局限在课本上、束缚在学校命令中。三是超越性。创新教育的核心在于鼓励个人在教育基础上不断发展。如果一味地恪守常规，就不可能有进步、有创新。四是全面性。创新教育的目的是以掌握大量信息来挖掘个人各方面能力，促进个人各方面得到长足进步和全面发展。

对于高等教育来说，作为培养创新人才的重要基地，高校创新教育是培养学生创新意识、提升创新能力、塑造创新人格的一种新型教育活动，旨在打破学生原有的传统思维模式，重新开拓思维能力，主动接受教师传授知识，充分激发学生自主创新意识及潜能，鼓励他们勇敢尝试、勇敢探索，提升对新鲜事物的求知欲。

创新教育是国家高质量发展的产物，是国家"双创"战略赋予高等教育的新使命新任务，是对传统教育模式的一种彻底改革，旨在培养学生的创新精神及提高其创新能力。它以完善的教育理论体系和丰富的实践实训环节来激发学生创造潜能、培养创造精神、提升实践能力，是新时代高校教育模式的改革、教育理念的转变、教学方法的革新、教学内容的创新，为我国高等教育可持续发展指明了方向。高校是大学生人生起步的初级阶段，是自我意识发展逐渐成熟稳定的重要阶段。在这一个重要时期，实施创新教育，能帮助大学生形成较好的创新能力，塑造创新型人格，不论其将来从事何种职业，对自身全面发展都十分有利。"中华民族伟大复兴的中国梦终将在一代代青年的接力奋斗中变为现实"①，因此，高校实施创新教育，符合我国加快建成中国特色社会主义现代化强国、加快建设创新型国家的要求。

二、创业与创业教育的内涵

（一）创业

创业是由"创"和"业"构成的，"创"有开拓、创新之意，"业"则有基业、守业之意。"创业"一词，在国内最早见于孟子的《梁惠王下》中的"君子创业垂统，为可继也"，也就是指"开创基业，奠定一个传统，从而使后世都能继承下来"。它在《辞海》中被表述为"开创基业"，是开拓、创立个人、集体、国家和社会的各项事业②。在汉语中则主要强调开端艰辛和创新艰难的一个过程，凸显过程的开拓性和创造性，注重在前人成果的基础上获得新的成就，做出新的贡献。在国外，"创业"的英文更倾向于使用"entrepreneurship"一词。目前最具影响力的有两种定义：一种认为创业是不拘泥于当前资源条件的限制追寻机会，组合不同资源予以利用和开发机会并创造价值的过程"③，持此观点者以霍华德·斯蒂文森（Howard Stevenson）为代表。另一种认为"创业是思考、推理和运气有机结合的一种行为方式，创业者借助很好的机会和运气，通过自身不懈努力、付出时间和精力、承担财务风险以及社会压力，才能创造金钱财富，实现经济的独立及个人的自我价值，即创业活动是建立在运气和机会基础之上，是平衡机会、利益和方法的一个过程④，持此观点者以杰弗里·蒂蒙斯（Jeffry A. Timmons）为代表。我国学者在借鉴国外创业学理论过程中，更倾向于使用哈佛商学院的定义，认为创业是创业者优化和整合所拥有的资源，通过自身努力创造出更多经济价值、更大社会价值的一个过程。

在本书中，创业指的是一种创新行为，即创业主体在政治、经济、文化等各领域积极开拓"新天地"，同时又给社会和他人带来更多机会的行

---

① 习近平. 习近平著作选读：第2卷 [M]. 北京：人民出版社，2023：57.

② 夏征农，陈至立. 辞海 [M]. 上海：上海辞书出版社，2009：238.

③ STEVENSON H. The Heart of Entrepreneurship [J]. Harvard Business Review, 1985 (34)：85-94.

④ 杰弗里·蒂蒙斯，等. 创业学（原书第6版）[M]. 周伟民，吕长春，译. 北京：人民邮电出版社，2005：23.

为。它主要包含三个方面内容：一是明确"创业"是主体在行为上的"创新"，阐明两者之间的从属关系；二是"创业"使用范围广，涉及政治、经济和文化各领域；三是"创业"是一种积极探索、不断发展的行为。一般而言，创业是凸显人的主体地位的社会实践活动，是人类借助服务、技术、工具等自身拥有的资源，从事社会生产的一种劳动方式。它可分为狭义和广义两种概念：广义上的创业是指各行各业的人为创造价值、成就事业而进行创造性的社会实践活动，其功能指向成就国家、集体和群体大业，凸显主体独有理念、能力和行动等；狭义上的创业是指主体为解决就业或创造经济与社会价值而成立一定规模的企业，专门供应某项物质产品或服务的经济活动。

1. 创业的意义

创业是具有开拓、创新特性，能创造经济价值和社会价值的活动，它不仅可新增就业机会，还能成就一番事业。

（1）站在社会的角度来看，创业对社会经济发展起着至关重要的作用。创业是繁荣市场经济和加速社会经济发展的动力源泉，能推动科技的创新研发，促进国家经济的整体繁荣与发展，在创造出丰富物质财富、带来巨大经济效益的同时，还能为更多人带来更多就业机会，提升就业率，有效缓解社会就业压力。此外，创业还是推动创新教育发展、培养创新型人才的动力源泉，它能为创业型教育活动提供崭新、广阔的理论与实践平台。对社会而言，创业的意义主要表现在：一是创业有利于建设创新型国家战略实施；二是创业可增加经济效益，加快提升经济发展水平，带动区域整体发展；三是创业可以创造就业机会，拓展就业渠道，缓解就业压力；四是创业可以促进科技成果的直接转化，提高整体创新能力。

（2）站在个人的角度来看，创业是对个人创新思维和实践能力水平的一种综合考验。创业除了个人必须对新生事物具有强烈欲望和敏感性、好奇心，对新发现新发明进行热烈追求和执着探究外，还要付出巨大努力，也会面临不同的困难和风险，这些考验会促进个人创新思维和实践能力的提升。对于个人而言，创业的意义主要表现在：一是创业可满足生存需求，获得经济回报；二是创业有利于实现个人价值和社会价值，选择自主创业可以通过这一途径证明个人能力，创业者可在一个新空间里发挥个人才能，通过影响和带动一部分人实现自我价值，得到社会认可；三是创业也是一种职业。在当前经济下行的压力下，越来越多的人选择自主创业，甚至已成为社会就业的主流，成为高校毕业生就业的重要选择之一。

2. 创业的分类

划分创业类别主要是为了对不同创业决策进行对比，找出最适合的创业类型。依据不同的标准，创业具体可从以下方面进行分类：

（1）从创业动机的角度来划分，创业包括机会创业、生存创业。

（2）从创业企业建立的渠道来划分，创业包括自主创业、企业创业。

（3）从创业主体来划分，创业包括学生创业、失业者创业、辞职者创业、退休者创业等。

（4）从创业项目的性质来划分，创业包括传统技能创业、高新技术创业、知识创业、体力服务创业等。

（5）从创业承担的风险来划分，创业包括依附型创业（依附大企业/产业链或进行品牌加盟）、尾随型创业（模仿他人成功经验）、独创型创业（填补市场内容或形式空白）、对抗型创业（对抗垄断企业）等。

（6）从创业周期的长短来划分，创业包括初始创业（从无到有）、二次创业（成熟期再创业）、连续创业（初始创业到二次创业、三次创业等）等。

3. 创业的特征

创业本质上是一种不断挑战自我的创新过程，其特征主要表现在：

（1）复杂的创造过程。所开创的新事业必须是对个人和社会都具有价值的，否则创业活动毫无意义。

（2）需要付出巨大的努力。创业活动要成功，必须花费个人大量的时间、精力和体力。多数情况下创业初期都非常艰苦。

（3）需要承担一定风险。创业面临的风险表现形式各有不同，主要涉及资源、市场、财务、技术、法律等方面，甚至和创业者自身健康、家庭情况和合伙人相关，需要创业者有一定的魄力和胆识。

（4）预期会带来回报。回报包括精神和物质两个方面，是创业者从事创业活动的主要原因，也是其在创业活动中奋勇向前的动力。

由此可见，创业是主体发现商机，借助已掌握的信息、资源、技术等，利用一定方法和手段，在现有的基础上创造出新产品或新服务，最终实现创业目标的创造实践过程。

（二）创业教育

"创业教育"是1989年由联合国教科文组织首次提出的一个概念，意为"事业心和开拓教育"，也称"第三本教育护照"。从广义上来讲，它是以个体终身持续学习为基础的培养开拓性的个人，培育冒险精神、创业意识、创业思维以及创业能力等的一个教育过程。从狭义上来讲，它是与新企业的创办和价值增值相联系的概念①。国内最早提出和使用这一概念的是胡晓风（1988），她在《创业教育简论》中将其定义为培养人生志在创业的一种全面教育、终身教育②。纵观学者们对创业教育的理解和归纳，本书认为它可分为广义和狭义两种：广义上的创业教育就是要培养具有良好的创新精神、冒险精神和创新能力，能较好进行创业实践活动的创业者的一种教育过程。狭义上的创业教育则是以创新思维及能力培养等个人基本的创业素质为首要任务，从最初寻求职业岗位转向为社会和他人带来更多职业岗位的各种综合能力的一种教育活动。

在高等教育领域，创业教育是创业素质融入素质教育，培养学生创业意识、知识、技能，功能及体系独特的一个系统性教育活动，即通过培养学生的创业精神、思维、能力及素养，让他们习得和掌握初期创业技能及管理水平的一个教育活动。它不是简单的灌输知识和培养操作技能的传统教育，而是注重让学生毕业后更好地满足社会需求，促进经济发展，提高生活质量。它具有鲜明的特征：一是创新性。创业教育的根本目的在于培养高素质的创新型人才，服务于创新型国家建设。二是时代性。在知识经济时代，创业是经济发展的重要动力。从客观上来说，创业教育就是知识经济时代独特的产物。三是教育性。创业教育是包含创新精神、创业意识、创业能力及技能培养在内的一个完整的教育活动。它的每一个阶段都有相对独立的教育目标和层层递进的课程体系。四是实践性。高校创业教育注重学生动脑与动手能力的培养，学生可通过社会实践、创业基地实训等方式，提高自身动手能力及创业素质。五是主体性。创业教育的主体是学生，高校实施创业教育要充分尊重学生的主体地位。

总而言之，创业教育是适应社会经济高质量发展和高等教育自身可持续发展需要应运而生的一种教育理念，是我国当前阶段高等教育的基本目标之一，是加快教育强国、创新型国家建设的必然需求，也是大学生全面提升自身能力素质的必要环节。

---

① 彭钢. 创业教育学 [M]. 南京：江苏教育出版社，1995：71.
② 胡晓风，姚文忠，金成林. 创业教育简论 [J]. 四川师范大学学报，1989（4）：1-8.

三、高校"双创"教育的内涵与特点

（一）高校"双创"教育的内涵

高校"双创"教育是创新教育结合创业教育而形成的一个全新概念。目前，学术界对它的定义主要有：其一，它不等同于创新教育或创业教育，也不是两者的简单整合或叠加。其二，它不是企业家培养、企业创办以及应对就业问题的一门培训课，而是面向全体学生、贯穿全过程、因材施教的一种新型教育。其三，它的根本目的在于培养学生的企业家精神，提升他们的"双创"素质和能力。

从我国教育发展历史角度来看，高校"双创"教育是一个极其具有中国特色、伴随着时代变化而不断更新发展的概念。它是我国深化教育改革中创新教育、创业教育结合与融合的产物。从文字层面上看，它是在"创新"之后加上"创业"两个字，但本质上凸显创新实践的价值性；以创业为切入点，在"创业"前面加入"创新"两个字，明确规定创业的指向性，提升创业的深度与广度。它的内容主要包括：一是既强调创新的实践性、应用性，又突出创业的高层次性，是更加系统的一种综合性教育。二是面向全体学生，分阶段、分层级贯穿人才培养全过程、各方面。三是以学生"双创"综合素质提升为根本目的和归宿。

高校是培养人才的摇篮，也是创新与创业的孵化器。高校"双创"教育既是深入实施国家创新驱动发展战略、推动经济提质增效的迫切需要，是培养学生创新精神、创业意识与"双创"能力和实践本领的重要途径，更是推进高校综合改革、促进学生更充分更高质量创业就业的重要举措。在本书中，高校"双创"教育是指面向全体学生，聚焦"立德树人"这个根本任务，以践行社会主义核心价值观为引领，以"大众创业、万众创新"为主题，以教育思想理念转变为先导，以学生"双创"精神培养及能力提升为重点，强化"双创"理念、精神价值、知识能力教授，提升学生"双创"能力本领和综合素养，实现更充分创业就业并为社会主义现代化国家建设服务的一种新型教育活动。它既不等同于创新教育，又区别于创业教育，更不是两者的简单结合，其本质在于提高学生的"双创"精神、意识及能力，培养社会主义建设者和接班人。

（二）高校"双创"教育的特点

高校"双创"教育是高等教育服务国家"大众创业、万众创新"战略

需要、顺应社会经济高质量发展需求而产生的一种教育理念与模式。与传统教育教学模式不同，它具有自身的独特之处，具体分析如下：

一是时代性。它是我国本土原创教育，是适应国家创新驱动发展战略需求和建设创新型国家需要应运而生的一种教育理念与模式。它伴随着我国社会发展进入中国特色社会主义新时代而不断更新发展，始终紧跟并服务于创新驱动发展战略、人才强国战略、"大众创业、万众创新"战略以及建设创新型国家战略等。

二是系统性。它是一个极其复杂的系统工程，既是学校内部全员面向全体学生的协同育人过程，又是学校与政府、企业行业、科研院所、社会的互动过程。它不仅涉及教育理念、目标、原则、内容、课程、教学、方式方法、实验实训、师资、管理、评价等校内因素，还涉及政策、资源、文化和法制等外部因素。只有从整体上加以把握并处理好各要素之间的互动性和协同性，"双创"教育才能取得实效。

三是实践性。它具有强烈的实践指向。与传统的讲授型教学不同，它提倡问题教学、实践教学，让学生在"做中学"、在"干中学"，注重教育的实际成效和社会认可。它注重实践与理论紧密结合，通过开办各种创新创业计划竞赛、创立"双创"实训中心、成立"双创"社团协会等实战形式，让学生全面接触创新全过程，更加直观地获得创业感性体验，激发"双创"内生动力。

四是建构性。它是校内和校外诸多要素互相作用、互相制约的一个建构过程。从内部来看，它既需要全体员工全员协同，更要求全体学生积极参与。从外部来看，它是学校、政府、企业行业、科研院所、社会、家庭相互联系和制约的过程。高校"双创"教育的有效开展，取决于学校内部全员参与全员育人以及学校、政府、企业行业、科研院所、社会、家庭之间互动的有效性。

五是主体性。它具有以人为本的属性，它关注学生的全面发展，是对学生素质、能力及价值教育的综合。它是面向全体学生的一种个性化教育，强调以学生为中心，尊重学生主体地位和个体差异，强调师生之间深度交流与合作，崇尚学生主体性的发挥、学习主动性创造性的释放，注重挖掘学生潜质，培养学生的独创性、开创性，培养学生创新精神并提高其创业能力。

第二节　高校"双创"教育内容阐释

一、高校"双创"教育的逻辑构成

（一）高校"双创"教育的理论逻辑

1. 马克思"人的全面发展理论"的现代诠释

马克思最早在《1844年经济学哲学手稿》一文中提出"人的全面发展"这一概念，指出"人以一种全面的方式，也就是说，作为一个完整的人，最终占有自己的本质"[①]。马克思在《德意志意识形态》一文中第一次提出"全面发展其才能""全面发展自己一切能力，其中也包括思维能力"[②]。马克思指出，实现一个人的全面发展的路径是把教育与生产劳动结合起来，这是由持续扩大且日益广泛的需要与生产体系决定的。它取决于自由发展的智力体力以及生产中全面自由地发挥各方面的才智和能力。每一个个体选择职业或从事创造性工作，应取决于自己的兴趣和自由，而不至于永久局限于某一职业，从而彻底解放自身的个性，实现个人的独创和自由发展[③]。

人的问题是马克思主义关注和研究的中心问题，人的全面发展理论则是它的核心思想。作为教育与生产劳动相结合的典型代表，高校"双创"教育是以教育思想和理念转变为先导，以创业为落脚点，注重创新性、应用性，关注学生素质提升及全面发展，突出学生主体性及教育内容实践性的一种新型教育理念与模式，其教育对象和主体都是现实社会中的人。高校通过开展"双创"教育，培养具有创造精神、创新意识和创业能力的高素质人才，促进学生自由、全面发展，体现马克思"人的全面发展理论"。学生的全面发展水平直接反映高校"双创"教育的成效。高校"双创"教育与马克思"人的全面发展理论"具有相同的精神内核和价值追寻。从理论上来讲，马克思"人的全面发展理论"对于高校"双创"教育具有极其重要的指导性作用，是高校"双创"教育的理论基础，也是实施"双创"

[①] 马克思，恩格斯. 马克思恩格斯选集：第1卷 [M]. 北京：人民出版社，2000：189.

[②] 马克思，恩格斯. 马克思恩格斯全集：第3卷 [M]. 北京：人民出版社，1960：84，330.

[③] 胡晓风. 教育研究文集 [M]. 成都：四川教育出版社，1989：187-325.

教育的行动指南。

马克思"人的全面发展理论"内涵丰富，包括人的个体需要全面满足、劳动能力全面提高、社会关系全面丰富以及个性自由全面发展四大方面内容，它启示高校在开展"双创"教育时的落脚点应该放在学生的全面发展上。人的个体需要全面满足，启示高校开展"双创"教育要科学分析学生群体特点，充分了解学生发展的薄弱环节，充分满足他们的现实需要；人的劳动能力全面提高，启示高校开展"双创"教育必须体现人的全面发展目标，侧重"双创"综合素质的培养与拓展；人的社会关系全面丰富，启示高校在开展"双创"教育过程中要引导学生参与各类社会交往和实践锻炼，积累"双创"实战经验，丰富社会关系；人的个性自由全面发展，启示高校开展"双创"教育必须坚持以人为本，充分发挥学生在创新与创业中的主体地位和个性潜能。只有以马克思"人的全面发展理论"为指导，高校"双创"教育才能沿着正确方向发展，取得更好成效。

2. "三螺旋"理论的运用过程

"三螺旋"一词源自生物学领域，揭示基因、组织和环境三者的因果关系。美国学者亨利·埃茨科维兹（Henry Etzkowit）在"三螺旋"的基础上提出"三螺旋"理论，即大学、产业、政府之间的三螺旋关系（The Triple Helix of university-industry-government relationships），也就是"大学、产业、政府三方在创新的过程中密切合作、互相作用，同时每一方都保持着各自的独立身份"①。

"三螺旋"理论为研究大学、产业、政府关系提供了全新范式，其主要思想是大学、企业、政府在创新中互相协作、互换角色，通过三方共建及资源共享，提升资源利用率与协同创新率。它的主要目标在于寻求大学、企业、政府之间的合作点，形成协同创新育人机制，具体表现在：一是三方在创新与创业过程中互相辅助、互相促进，但每个组织都有一定的独立性，都保持着各自的独立发展模式；二是三方组织边界在延伸的过程中形成交叉组织，其功能是相互渗透、互相融合的。通过开放各自的组织边界形成新的组织，其中某一个组织的创新与发展也会对另外的组织产生新的影响。

"三螺旋"理论主要分析知识经济社会中的大学、企业、政府协同创

---

① 亨利·埃茨科威兹. 三螺旋：大学·产业·政府三元一体的创新战略 [M]. 周春彦，译. 北京：东方出版社，2005：6-11.

新关系，旨在创造促进创新的一种环境，以便更好地进行创新，属于"创新的创新"。这个特性与为促进学生创新与创业这一创新活动的"双创"教育相契合。高校"双创"教育高质量发展，除高校要强化自身"双创"教育改革外，还要政府、企业等其他主体承担部分教育职责，发挥多方主体作用，及时共享"双创"资源，形成顺畅的三螺旋合作模式，才能促进"双创"教育自身的创新，实现"1+1>2"的倍增效果。因此，高校实施"双创"教育要强化与政府、企业的联系合作，在保持各自独立发展的同时，整合校内校外多方资源，形成政府加强"双创"政策扶持、企业建设"双创"实践基地、学校提供"双创"教育教学及实践平台的局面，建构高校"双创"教育协同育人新生态。

3. "国家创新系统理论"的生动体现

国家创新系统理论可追溯到德国著名经济学家里斯特（Georg Friedrich List）和奥地利（后移民美国）著名经济学家熊彼特（Joseph Alois Schumpeter）的有关思想。1987年，英国著名经济学家弗里曼（Christoper Freeman）首次提出"国家创新系统"概念，并把它看成"公共和私人部门构建的创新网络，其活动和相互作用激发、引进、改良和扩散着新技术"[①]。1996年，经济合作与发展组织（OECD）把它定义为"公共和私人部门中的组织结构网络，这些部门活动和相互作用决定一个国家扩散知识和技术的能力并影响着国家的创新业绩"[②]。它是国家社会大系统中发生、扩散、持续技术创新的包含一群创新主体、一个创新支撑体系和一套创新机制在内的那一部分社会子系统，延伸到教育领域，则强调的是"知识与技术创新并重，注重知识生产、扩散、储存、转移、传播和应用，这些都离不开教育与学习"[③]。

党的二十大报告明确指出，"要完善科技创新体系，提升国家创新体系整体效能"[④]。当前，全球新一轮科技革命正在兴起，科技创新呈现新发展态势，"科技创新活动不断突破地域、组织、技术的界限，演化为创新体系的竞争，创新战略竞争在综合国力竞争中的地位日益重要"[⑤]。我国虽

---

① C FREEMAN. Technology Policy and Economic Performance Lessons from Japan［M］. London：Frances Pinter，1987：1.

② OECD. National Innovation Systems［M］. Paris：OECD，1997.

③ 黄丽珠. 我国应用型本科高校创新创业教育问题研究［D］. 福州：福建师范大学，2019.

④ 习近平. 习近平著作选读：第1卷［M］. 北京：人民出版社，2023：29.

⑤ 习近平. 在两院院士大会上的讲话［N］. 人民日报，2014-06-10（1）.

然已进入创新型国家行列，但在原始创新、核心技术、产业链与创新链融合等方面与世界先进水平还有一定差距。因此，我们要进入创新型国家前列、实现高水平科技自立自强，必须要有强大的自我创新能力和科技实力。创新型国家战略的实施，也对技术创新提出了新的更高要求。我们应当抓住全球科技发展新机遇，持续发展和完善国家创新体系。

在知识经济时代，深入实施"双创"教育、高质量发展"双创"文化、培养"双创"型人才，是创新型国家建设的重要举措。高校高质量发展"双创"教育的目的在于培育具有创造精神、创新意识和创业能力的高素质"双创"人才，进而有效生产、扩散、储存、转移、传播和应用知识，这对发展和完善国家创新体系具有重大意义。同时，国家创新系统注重政策、基础设施创新及国际交流合作，又为高校"双创"教育高质量发展提供了有力支撑。

（二）高校"双创"教育的实践逻辑

1. "双创"教育政策从单一化到体系化

在2010年以前，高校"双创"教育发展处于自主探索、试点推进阶段，还没有形成专门针对高校"双创"教育的政策文本。直到2010年，在总结和积累自主探索与试点推进阶段实践经验的基础上，教育部出台了针对高校"双创"教育的唯一一个政策文本，即《关于大力推进高等学校创新创业教育和大学生自主创业工作的意见》。党的十八大以来，为深入实施创新驱动发展战略，加快高校"双创"教育发展，培养更多与时代发展需求相匹配的高素质"双创"人才，党和国家出台了与"双创"教育相关的一系列政策文件，从制度上规划和设计"双创"教育。国家出台了《关于普通本科院校创新创业教育教学基本要求（试行）》等10多份文件，指引各地高校开展"双创"教育。国家各部委、各省（自治区、直辖市）随后也相应出台了一大批指导性文件。应该说，以国务院2015年颁布的《关于深化高等学校创新创业教育改革的实施意见》为标志，全国各地高校广泛开展"双创"教育，"双创"教育的政策文本数量与日俱增，可以说高校"双创"教育政策制度更加完善，形成体系。

2. "双创"教育课堂教学从部分到全覆盖

课堂教学是高校深入开展"双创"教育的主渠道。将"双创"教育纳入人才培养方案，建立"双创"课程体系，是高校高质量发展"双创"教育的有效举措。在2012年以前，以中国人民大学为代表的部分高校以课堂教学为主线，开设"创业基础"等相关课程，注重在"双创"知识结构的基础上培养学生"双创"意识。2015年，教育部发布《关于做好2016届全国普通高等学校毕业生就业创业工作的通知》，要求高校开发设置"双创"课程，开设必（选）修课，将"双创"教育纳入学分管理。随后，各省（自治区、直辖市）陆续出台相关的配套实施方案。各地高校纷纷建设"双创"教育课程群，将"双创"教育与专业课教育相互交叉、渗透与融合。通过几年努力，目前全国高校开设"双创"教育专业课程3万多门，所有高校都开设了至少一门以上的"双创"教育课程，充分发挥了课堂教学在"双创"教育中的主渠道作用，提高了"双创"教育在高校教育体系中的地位。

3. "双创"教育实践活动从单个到系列化

实践活动是培养学生"双创"精神及能力的重要途径，是检验高校"双创"教育实效性的有力依据。在2012年以前，全国性"双创"赛事以"挑战杯"课外学术科技作品竞赛和创业计划竞赛为主。在2012年以后，高校不断丰富发展"双创"教育实践活动，积极引导学生以参加竞赛实践活动来提升自身"双创"能力。在国家相关"双创"政策的引导下，各地高校积极组织学生参加各类"双创"竞赛及实践活动。目前，已经形成了"互联网+""挑战杯""创青春""学创杯""大创"等具有较大影响力的全国性"双创"赛事。同时，各省（自治区、直辖市）也相应推出了如"青创八桂"创业创新大赛、"创新圆梦想、创业彩云南"创新创业大赛和"创客广东"大赛等系列"双创"赛事。这一系列"双创"赛事尤为注重带动就业、科技成果转移转化，激发和带动社会经济高质量发展新动能。各类"双创"赛事实践活动的举办，推动了高校"双创"教育更好更快发展。

4. "双创"教育平台建设从单部门到全方位

"双创"教育平台是学生"双创"意识和能力培育及"双创"成果实际转化的重要基地。在2010年以前，各高校主要根据自身发展实际需要，自主创建"双创"教育实践基地平台，如江西财经大学、宁波大学等高校建立"双创"基地，扎实推进"双创"教育。2015年，国务院印发《关于发展众创空间推进大众创新创业的指导意见》，要求加快建设新型"双创"服务平台。各地高校纷纷建立一批以创客空间、创业咖啡、创新工场为代表的众创空间。在国务院及相关部委等部门倡导下，在全国范围内规划或组建起一批高校"双创"教育平台，围绕国家加强高校"双创"教育平台建设的战略部署，从国家到各省（自治区、直辖市）再到各高校纷纷成立各类"双创"联盟。目前，我国全方位布局"双创"教育平台，政府、高校、企业等主体统筹推进、协同育人的合力基本形成。

二、高校"双创"教育的定位

（一）高校"双创"教育的理念定位

高校"双创"教育是适应国家创新驱动发展战略、提升人才培养质量、回应社会对"双创"人才需求而展开的一项教育理念与模式改革。自2012 年教育部《关于全面提高高等教育质量的若干意见》（简称"高教三十条"）颁布以来，我国高校深入开展"双创"教育，"双创"人才培养成效显著。但与此同时，它还存在着发展理念滞后、价值观引导不够有力、教育定位不够清晰等问题。很多高校还把"双创"教育定位为创业教育本身。要从根本上解决这些问题，就必须回归教育的本质。"双创"教育的落脚点在于创新与创业，其价值内涵在于育人。在 2015 年，国务院出台的《关于深化高等学校创新创业教育改革的实施意见》把"立德树人"作为高校开展"双创"教育的根本任务。因此，我们必须把高校"双创"教育的理念定位在"立德树人"，以实现育人与发展相统一。

党的二十大报告指出，"育人的根本在于立德"①。高校的根本任务及立身之本在于立德树人。立德树人理念注重教育的过程性。德和才的形成和发展是一个过程，教育在其中发挥着价值引领、育人规范、思想提升的作用，让学生思想行为品质潜移默化地发生改变。高校"双创"教育是把教师的"主导"变为"引导"，以学生为主体，将学生"被动"学变为"主动"学的一种新型教育理念与模式。通过"双创"教育，让学生自主生成"双创"意愿，这也是开展"双创"教育的本质与意义所在。立德树人理念强调德、智、体、美、劳全面发展。马克思"人的全面发展理论"揭示了德、智、体、美、劳教育的重要性。高校开展"双创"教育的主要目的是培育学生的"双创"精神和能力，其核心价值指向是培养全面发展的社会主义建设者和接班人。在"双创"教育中融入立德树人理念，注重强化社会公德、个体私德教育，可深化学生对"双创"教育的自主性和道

---

① 习近平. 习近平著作选读：第 1 卷 [M]. 北京：人民出版社，2023：28.

德性的认识，实现"双创"教育形式与内容、过程与结果、育人与发展统一，这也是对教育本质的价值回归。

（二）高校"双创"教育的目标定位①

高校"双创"教育理念定位的明确，有助于更加深刻地理解其目标定位。但对"双创"教育理念的理解不同，其目标定位也不尽相同。目前在学术界和教育实践中极具代表性的理解有三种：一是将高校"双创"教育目标定位为教授学生创业。这种目标定位把"双创"教育等同于创业教育，教授学生创办企业，忽视对学生创业精神、品质及素质的培养，弱化了"双创"教育的内涵。二是将高校"双创"教育目标定位为培养学生创业意识。这种目标定位把"双创"教育理解为素质教育，注重学生的企业家精神培养，但是仍然把"双创"教育等同于创业教育。三是将高校"双创"教育目标定位为既教授学生创业能力又培养学生创业意识。这种目标定位把"双创"教育等同于职业教育、素质教育，培养学生职业素质和创新型人格。虽然它较前两种认识更加合理，但仍没有摆脱"双创"教育等同于创业教育的局限性。

本书认为，高校"双创"教育的目标定位应是以培养适应国家社会经济高质量发展需要的"双创"型人才为根本。具体可从以下三个方面来理解：一是高校"双创"教育是培养"双创"型人才的实践活动。如前所述，"双创"教育是创新教育与创业教育的多元交融、有机统一，其目标定位应该是"双创"型人才培养，否则就失去了自身的价值指向。二是高校"双创"教育虽不能被简单地理解为教授学生怎样创新、怎样创业，但又离不开创新与创业来进行。因此，高校应在知识传授的同时向学生展现创新发展过程和创业规律，引导学生了解"双创"过程本质特征，获得"双创"真理性认识，激发学生"双创"潜能与热情，形成对"双创"的思想认同和行动自觉。三是高校"双创"教育是一种以培养学生"双创"意识、"双创"技能、"双创"素养为着重点的教育。它注重学生个体的成长，关注在学生中培育适应创新型国家建设和社会经济高质量发展所需要的创新型、实用型、复合型人才。

---

① 栾培新. 基于STS的创新创业教育研究［D］. 沈阳：东北大学，2018.

（三）高校"双创"教育的内容定位①

高校"双创"教育的目标定位决定它的内容定位，在于解决"怎样培养人"的问题。内容定位正确，可为探索建立"双创"教育模式及机制提供框架，对高校深化"双创"教育发挥指导作用。

本书认为，高校"双创"教育内容有四个指向：一是"双创"意识教育。它是通过"双创"的理论教学与实践教育及氛围熏陶，启蒙学生创新意识和创业精神，让学生具备"双创"意识，树立起"双创"动机、兴趣和信念的一种教育活动。只有学生在内心对创新产生兴趣，有强烈的创业意愿和激情，才会将"双创"能力应用于实践。高校在进行"双创"意识教育时，要全面分析自身优劣势及主客观条件，注重集体意识、团体意识和社会意识培养。二是"双创"知识教育。它是通过课堂的理论学习、实训实践的锻炼和校园文化环境的陶冶而掌握与"双创"相关知识的一种教育活动，其包括"双创"实践成功所需要的专业知识和经营管理知识以及与社会各方面联系、交往所需要的知识。只有引导教育学生学好专业知识，鼓励他们主动去探索专业知识，才能从中挖掘"双创"资源、找寻"双创"机会。三是"双创"能力教育。"双创"能力教育是通过课堂学习、实践锻炼而掌握开展"双创"活动所必备的综合素养的一种能力养成教育活动。这种能力的高低将直接决定"双创"实践成功与否，具体包括"双创"过程中所要掌握的机会识别、领导决策、市场调查、风险承担、经营管理、信息获取、综合协调、人际社交等多种能力。四是"双创"心理素质教育。"双创"心理素质教育是通过课堂理论学习、校园文化熏陶而习得的能对学生自身心理和行为起到调节作用的心理特征的一种素质教育活动。"双创"有风险有挫折，实施者必须要有过硬的心理素质。高校在进行"双创"教育时，要注重强化目标和信念教育、自制力意志力养成教育、冒险精神教育、创造思维训练教育。

三、高校"双创"教育的价值意蕴

（一）高校"双创"教育的政治价值

高校"双创"教育的政治价值突出表现在它对中国式现代化和创新型

---

① 张俊武，陈庆玲. 新常态下高校开展创新创业教育定位和途径研究 [J]. 锦州医科大学学报（社会科学版），2017，15（2）：88-90.

国家建设的基础性支撑性作用。党的二十大报告提出，"到2035年实现高水平科技自立自强，进入创新型国家前列"①，强调在实现中国式现代化新征程中"科技是第一生产力、人才是第一资源、创新是第一动力"②。加快创新型国家建设的关键在人才，尤其是拥有具备"双创"品质和现代化建设能力的人才。作为"双创"人才输出的新高地，高校在中国式现代化新征程中开展"双创"教育，首先要回答好"培养什么人""怎样培养人""为谁培养人"这一个根本性问题。高校是第一生产力、第一资源和第一动力的重要结合点，其"双创"教育是培养和输送综合素质过硬的"双创"人才的主要途径。高校通过开展"双创"教育，可激发学生创造思维、创新精神和创业能力，提升他们的"双创"综合素质，培养出更多具备创造力和实践力的复合型应用型"双创"人才，不仅能为中国式现代化建设提供源源不断的自主创新人才，又能促进国家自主创新能力提升，支撑创新型国家建设。为此，高校必须提高政治站位，不忘初心，牢记使命，深入推进"双创"教育，适应和满足创新型国家建设需要，为加快中国式现代化建设提供强大的人才和智力支撑，彰显出"双创"教育的政治价值。

（二）高校"双创"教育的经济价值

高校"双创"教育的经济价值主要表现在它推动社会经济实现质升量增。党的二十大报告指出："要坚持以推动高质量发展为主题，推动经济实现质的有效提升和量的合理增长。"③ 当前，我国开启了以中国式现代化全面推进中华民族伟大复兴的新征程，新发展阶段、新使命任务和新发展环境对经济质升量增提出了更高更紧迫的要求。我国经济要实现质升量增，必须加快转变经济增长方式，提高科技创新贡献率，加速产业结构优化升级，推动"人力资源优势"向"人才资源优势"、"管理型经济"向"创业型经济"转变。高校"双创"教育具有人才资源、科技创新等优势，它可激发和培养学生的"双创"精神、塑造"双创"人格、提升"双创"能力，驱动经济持续增长，因而"被视为经济强劲增长的原动力和经济发展的'寒暑表'"④。为此，高校开展"双创"教育，在培养一大批"大

---

① 习近平. 习近平著作选读：第1卷［M］. 北京：人民出版社，2023：20.
② 习近平. 习近平著作选读：第1卷［M］. 北京：人民出版社，2023：28.
③ 习近平. 习近平著作选读：第1卷［M］. 北京：人民出版社，2023：23-24.
④ 高志宏，刘艳. 创新创业教育的理论与实践［M］. 南京：东南大学出版社，2012：41.

众创业、万众创新"生力军,推动经济质升量增中必将大有可为、大有作为。

(三)高校"双创"教育的文化价值

高校"双创"教育的文化价值主要表现在培育和厚植"双创"文化基因。党的二十大报告提出:"要培育创新文化,营造创新氛围。"①"双创"文化是科技创新的内在动力,是"双创"生态打造的一个重要环节。长期以来,受不良传统文化的熏陶和深刻影响,特别是近年来经济下行和疫情反复等多重因素的影响,很多毕业生更青睐事业单位、党政机关等"体制内""铁饭碗"工作,不愿意冒险,害怕创新,不敢创业,这与"双创"文化基因不够强大及在学生心中扎根不够深有关系。高校"双创"教育的一个重要价值在于"双创"文化培育,厚植"双创"文化沃土,培养学生创新精神和创业精神。通过"双创"教育,以优秀传统文化培育"双创"文化,激发全社会创新精神和创业基因,形成良好的"双创"生态,"使'双创'成为全社会的一种价值导向、一种生活方式、一种时代气息"②,让创新、创业、创造在全社会蔚然成风。

(四)高校"双创"教育的社会价值

高校"双创"教育的社会价值突出表现在它推动高校综合改革、促进学生全面发展、带动学生实现更充分更高质量就业上。党的二十大报告明确指出,"要深化教育领域综合改革"③。面向新时代高质量高等教育体系建设新任务新要求,高校必须及时转变观念,加快推进教育综合改革。作为一种新的教学理念和教育模式,高校"双创"教育的社会价值首先表现在它对推动学校教育教学改革产生深远的影响上。国务院出台了《关于深化高等学校创新创业教育改革的实施意见》,要求高校把"双创"教育改革作为深化自身综合改革的突破口。高校"双创"教育是面向全体学生的一种综合素质教育,它强调学生既要掌握过硬的专业知识,又要有较强的"双创"精神、意识与能力;既要有很强的实践能力、动手能力和适应能力,又要有良好的心理素质。它崇尚学生个性自由发展,突出科学素养与人文素养的相互融合,着力塑造"双创"人格,促进学生全面发展。通过"双创"教育,学生可以具备过硬的专业知识和"双创"素质,既可从容

---

① 习近平. 习近平著作选读: 第1卷 [M]. 北京: 人民出版社, 2023: 29.
② 王占仁. "广谱式"创新创业教育概论 [M]. 北京: 人民出版社, 2016: 64.
③ 习近平. 习近平著作选读: 第1卷 [M]. 北京: 人民出版社, 2023: 28.

就业，又可主动创业，还会促进和带动更多学生更加充分更高质量就业。

（五）高校"双创"教育的生态价值

高校"双创"教育的生态价值主要表现在它引导学生树牢和践行"绿水青山就是金山银山"理念，助力生态文明建设。党的二十大报告指出，"必须牢固树立和践行'绿水青山就是金山银山'的理念"[1]。生态文明建设是事关民族可持续发展的大计，"绿水青山就是金山银山"的理念已然成为当前全社会的共识和行动。本书认为高校"双创"教育的根本任务在于培养高素质的"双创"人才，它的教育教学内容不仅要关注学生创造力的开发、创新精神的养成以及创业能力的培养，还要关注学生生态文明素养的培养，引导他们牢固树立科学的生态发展观，在"双创"实践活动过程中全面践行"绿水青山就是金山银山"的理念。为此，高校"双创"教育应关注学生自由全面发展，注重培养学生生态素养和认同生态责任，必将在生态文明建设中起到良好示范与引领作用，力促人与自然和谐共生。

第三节　高校"双创"教育发展概况

一、高校"双创"教育发展历史

（一）"双创"教育的起源

我国"双创"教育思想源自鸦片战争爆发以后，蔡元培、黄炎培、梁思成等一批进步教育家的教育思想及教育理念。这是我国最早的"双创"思想萌芽。20世纪30年代，我国著名教育家陶行知把"物质的创造""心理的创造"教育称为"创造的教育"，主张"创造教育"，提出"六大解放"学说[2]，对于我们今天所提倡的"双创"教育具有深远影响。

我国当代"双创"教育是在改革开放政策指引下应运而生的。20世纪80年代初，四川省为了解决弱势青年群体就业问题，在几个乡村进行创业教育试验，这是改革开放后我国探究创业活动的最早典范。1983年，原农业部试验改革农业中专招生制度，此后30多个省份的300多所学校开展创

---

① 习近平. 习近平著作选读：第1卷 ［M］. 北京：人民出版社，2023：41.
② 陶行知. 陶行知教育箴言 ［M］. 哈尔滨：哈尔滨出版社，2011：49.

业教育，不包工作的 10 万毕业生大部分走上创业之路并成为创业型人才①，为我国创业教育实践发展提供了宝贵的经验和启示。但我国高校"双创"教育理论与实践起步较晚。1988 年，胡晓风结合四川省合川县（今重庆市合川区）"生活教育整体试验"率先提出"创业教育"概念并进行试验研究②。1989 年，联合国教科文组织第一次提出"创业教育"的概念和学习的"第三本护照"，即创业能力的问题③。此后，高校"双创"教育开始在我国迅速蔓延开来。1990 年，原国家教委基础教育司、劳技处在北京、江苏等 6 个省市的 20 多个县乡、30 多所学校展开创业教育研究实验。此后，创业教育在乡村快速发展，部分省（自治区、直辖市）和地区实验实施创业教育，如 1994 年"富民工程"、1996 年"十百千万"工程以及江苏、广西、河北等地以专业户、科技示范户为培养目标进行创业教育。2002 年，教育部在 9 所大学试点开展创业教育。2008 年，教育部建设创新与创业教育类人才培养模式创新实验区。2010 年，教育部出台第一个推进"双创"教育纲领性文件——《关于大力推进高等学校创新创业教育和大学生自主创业工作的意见》，首次提出"双创"教育。2015 年，国务院颁布《关于深化高等学校创新创业教育改革的实施意见》，把"双创"教育确立为国家长期政策性导向。

（二）高校"双创"教育的发展历程

20 世纪 90 年代中期以后，"双创"教育正式进入高校。与国外自下而上的"双创"教育发展道路不同，我国"双创"教育在高校的开展主要得益于国家战略支持与政府政策指引。受国家相关政策的影响，我国高校"双创"教育发展主要经历了四个重要阶段。

1. 高校自发探索阶段（1997—2001 年）

1997 年，我国高校开始实施"双创"教育，以清华大学举办的首届创业计划大赛和开设的创新与创业管理课程为发轫标志。1998 年，教育部颁布《关于深化教育改革，全面推进素质教育的决定》，要求高校重视培养学生创新实践能力和创业精神。1999 年，国务院制定《面向 21 世纪教育

---

① 房欲飞. 我国大学生创业教育的兴起、现状与挑战 [J]. 交通高教研究，2004（6）：8-9，54.

② 王占仁. 中国创业教育的历史发端与科学表述论析 [J]. 东北师大学报，2015（4）：181-186.

③ 房欲飞. 我国大学生创业教育的兴起、现状与挑战 [J]. 交通高教研究，2004（6）：8-9，54.

振兴行动计划》，首次完整诠释了"创业教育"概念，要求加强师生创业教育。1999 年，教育部、中组部、人事部等部门联合颁布《关于进一步做好普通高等学校毕业生就业工作的意见》，鼓励毕业生到非国有单位就业或创业。2001 年，教育部出台《关于加强高等学校本科教学工作 提高教学质量的若干意见》，要求强化实践教学，注重学生培养创新精神和实践能力。至此，"双创"教育在高校逐步兴起。但是这一个阶段的"双创"教育主要是以创业学科形态下"专业式"教育形式来展开的，面向的是部分学生群体，还没有成为一种正式的、普及性的教学理念和教育模式，由个别高校自发开展摸索和实践。高校自发性探索"双创"教育中具有重大影响的四件事是：

一是举办形式多样的"双创"大赛。1998 年，清华大学引入美国的创业计划竞赛，首开国内大学生"双创"大赛先河。大赛成为极具代表性的"双创"教育重要载体。1999 年，团中央、中国科协、全国学联主办首届"挑战杯"大学生创业计划竞赛，各省（自治区、直辖市）和各高校每年组织大赛，推荐优秀作品参加全国赛。从此，"挑战杯"大学生创业计划竞赛在全国正式全面铺开，"双创"热浪从此扩散到全国各地，极大地推动了高校"双创"教育发展。

二是开设"双创"教育课程。1999 年，清华大学雷家骕教授开设全国第一门"双创"教育课程——创业管理。随后，浙江大学与竺可桢学院共同创办全国第一个"双创"教学改革实验班——高新技术"双创"管理强化班，进行"双创"管理训练。武汉大学实施创造创新创业教育即"三创"教育。复旦大学教授学生"双创"基础知识与技能。黑龙江大学、温州大学把"双创"教育作为指导学生职业生涯发展的必修内容。

三是创立"双创"教育研究中心。1998 年，清华大学率先成立全国第一个创业研究机构——中国创业研究中心，强化了"双创"教育的研究与推广。1999 年，浙江大学成立研究生"双创"中心，以营造校园"双创"文化氛围为宗旨，探索创新模式与创业精神学习，致力于"双创"能力和素质提升。2000 年，上海交通大学成立科技创新创业中心，统筹运作整个学校的"双创"教育。

四是营造"双创"教育环境。高校"双创"教育及实践活动日益受到社会各界的关注与支持。1999 年，上海科委科协、杨浦区政府与上海交通大学等高校联合举办"杨浦区五角场电脑节"。2000 年，教育部出台《关于贯彻落实<中共中央、国务院关于加强技术创新，发展高科技，实现产业化的决定>的若干意见》，允许学生休学保留学籍创办企业，以培养他们的创业意识及实践能力，出现了高校和社会各界共同为学生创造"双创"机会与营造"双创"环境的良好局面。

从 1997—2001 年对"双创"教育自发探索的历程中可以发现，高校对"双创"教育的探索虽是粗浅尝试，但这种积极有益的探索为我国"双创"教育的发展提供了宝贵经验。

2. 多元发展阶段（2002—2009 年）

2002 年 4 月，教育部确定清华大学、中国人民大学等 9 所高校为"双创"教育试点院校，北京航空航天大学为全国"双创"教育骨干教师专门培训基地，标志着高校"双创"教育进入教育行政部门引导下的多元化发展阶段。其中，具有重要影响的六件事是：

一是探索"双创"教育六种模式，也就是以中国人民大学为代表的课堂教学为主导、学生整体素质能力提高为重点的模式；以北京航空航天大学为代表的以学生创新与创业知识技能提高为重点的模式；以上海交通大学为代表的以创新教育为基础、重点培养学生创业素质的综合模式；以中南大学为代表的校院班三级创新创业教育体系建构为重点的模式；以黑龙江大学、温州大学为代表的创业教育、创业人才培养学设置的模式；以浙江大学为代表的未来企业家俱乐部模式。

二是设置各类典型的"双创"大赛，即教育部主办的每两年举办一届的"挑战杯"大赛；全国高校"创意、创新、创业"电子商务挑战赛等国家重点支持"双创"类竞赛；高校校与校之间的"双创"大赛；吸引高校大学生参加的中国科技创业计划大赛、国际创新创业大赛以及 USF 国际商业计划大赛等国内、国际各类"双创"大赛，对高校"双创"教育的发展起到了重要的推动作用。

三是举行各层次"双创"培训活动，即面向在校学生实施"创业中国：全国大学生创业服务工程"、举办"SYB 培训""创业先锋班"等的"双创"培训；面向应届毕业生设立创业教育培训中心、举办"大学生创业培训班"的"双创"培训；面向研究生层面成立创业管理教育中心、举办"创业学与企业家精神教育研讨会"、设立全国首个"创业管理"专业硕士点博士点的"双创"高层次人才培养；面向高校创新创业教师举办全国 KAB 创业教育项目师资培训班的"双创"培训。

四是建立"双创"教育实践基地与平台。2003年，中南大学创办全国第一家"双创"综合性服务网站——中国大学生创业网。2006—2007年，上海对外贸易学院（今上海对外经贸大学）、复旦大学等高校先后创建大学生"双创"基地、创业孵化中心、创新科技园。2008年，北京航空航天大学校内多部门协同创建"双实双业"综合基地，中山大学与广州珠海联合创立创新创业实践基地，华中科技大学成立"双创"社区，与武汉统战部和科技局合作共建大学生"双创"辅导站、科技创业社区。

五是成立专门的"双创"教育教学及研究机构。如北京航空航天大学、厦门大学、南开大学、大连海事大学、黑龙江大学、江西师范大学等高校成立"双创"管理培训学院、"双创"管理研究中心、"双创"教育学院、"双创"指导中心。2010年，中国高等教育学会成立"双创"教育分会。全国100多所高校先后成立创业协会，制定诸多"双创"教育管理办法。

六是"双创"教育政策环境不断优化。2003年，原国家工商行政管理总局发布《关于2003年普通高等学校毕业生从事个体经营有关收费优惠政策的通知》扶持毕业生自主创业。2005年，中办、国办联合下发《关于引导和鼓励高校毕业生面向基层就业的意见》，要求加强学生创业意识及能力培训。2007年，党的十七大报告提出："要实施扩大就业的发展战略，促进以创业带动就业"①，将"双创"教育正式提升到国家发展战略高度。从此，"双创"教育越来越受到社会各界重视，"双创"社会氛围逐步形成。

从2002—2009年对"双创"教育多元发展的探索历程中可以发现，高校"双创"教育开始普及，在全国上下形成"燎原之态势"。"双创"竞赛风起云涌，"双创"教育机构及实践基地平台纷纷建立，"双创"课程初成体系，"双创"教材建设初具规模，"双创"教学方法日渐完善，"双创"教育模式逐渐形成，"双创"成果开始呈现。

3. 全面推进阶段（2010—2014年）

2010年，教育部出台《关于大力推进创新创业教育和大学生自主创业工作的意见》，第一次在国家层面文件中正式使用"'双创'教育"概念。这也标志着我国高校"双创"教育迈入政府指导下的全面推进阶段。高校

①　胡锦涛. 高举中国特色社会主义伟大旗帜 为夺取全面建设小康社会新胜利而奋斗：在中国共产党第十七次全国代表大会上的报告 [J]. 求是，2007（21）：3-22.

在全面推进"双创"教育发展中具有重要影响的四件事是：

一是全国性大学生"双创"大赛、论坛日益活跃。举办"挑战杯"大学生创业计划大赛，增设"创业之星"网络虚拟运营竞赛、"昆仑杯"大学生优秀创业团队大赛等全国性赛事，扶持和资助部分高校承办大学生"三创"电子商务挑战赛、机械创新设计大赛等全国性"双创"竞赛，吸引众多高校参赛。同时，大学生创业就业论坛、高校创新与创业教育论坛等"双创"论坛活动也频繁举办。全国各地高校举办各类比赛、论坛达2万多场，参加学生人数高达300多万人次。

二是举办形式多样的大学生"双创"教育培训活动。全国工商联、教育部、团中央等部门联合举办"中国大学生创业讲堂"，启动"大学生创业公募基金"。中央电视台设立创业讲坛。清华大学创办创业训练营。浙江大学举办创业精英班，设立创业基金。南开大学将创业教育融入专业培养，举办"创业实训模拟公司训练营"。上海交通大学设立创业教育MBA高级研修班。联合国教科文组织在浙江大学创设创业教育教席，推动"双创"教育领域研究及人才培养。

三是国家扶持自主创业政策的力度更大。2010年，教育部与科技部协同制定《高校学生科技创业实习基地认定办法》，给大学生实习实训、就业创业提供支撑与服务。教育部颁布《关于大力推进高等学校创新创业教育和大学生自主创业工作的意见》，设立"毕业生创业资金""天使基金"。人力资源和社会保障部与教育部等部门联合实施"创业引领计划"。财政部和国家税务总局联合发布《关于支持和促进就业有关税收政策的通知》，明确规定学生创业享受自主创业税收优惠政策。上海和武汉等地政府和高校设立"天使基金""创业扶持资金"，扶持毕业生创业。

四是"双创"孵化基地建设更加广泛。教育部在辽宁、河南等省设立"双创"教育基地。团中央设立共青团"青年就业创业见习基地"2 000多个。科技部批准全国首批大学生科技创业见习基地140多个。辽宁省创办首个女大学生创业基地；浙江大学与杭州市政府共建"大学生创业园""研究生创业素质拓展基地"。浙江大学设立中鼎创业孵化园。江苏、河北等省建设"双创"教育示范基地。全国各地高校共建"双创"实习或孵化基地2 000多个、大学生自主"双创"总人数达10.9万人。

此外，2010年，教育部颁布《国家中长期教育改革和发展规划纲要（2010—2020）》，要求加强就业创业教育和服务。2012年，教育部印发的

《关于全面提高高等教育质量的若干意见》要求把"双创"教育贯穿人才培养全过程。教育部制定的《普通本科学校创业教育教学基本要求》把创业基础课作为本科生的必修课，对"双创"教育教学目标、原则、内容、方法和组织进行整体规划和顶层设计。党的十八大报告提出，"全面实施素质教育，培养学生社会责任感、创新精神、实践能力"，"促进创业带动就业"[①]，推动高校"双创"教育科学化制度化规范化发展。

4. 深化推进阶段（2015—2017年）

2015年，《关于深化高等学校创新创业教育改革的实施意见》出台，标志着高校"双创"教育进入深化推进的新阶段。

在这一阶段，国家通过一系列政策、制度指引和规制深化推进"双创"教育，打造"双创"教育升级版。国务院出台《关于大力推进大众创业万众创新若干政策措施的意见》，通过顶层设计促进我国"双创"教育发展。教育部联合国家发展改革委等部门举行规模空前的首届"互联网+"大学生创新创业大赛，带动上百万学生投入创新与创业活动。2016年，人力资源和社会保障部与教育部联合印发《关于实施高校毕业生就业创业促进计划的通知》，把鼓励"双创"作为扩大就业的重要方向。同年，教育部修订《普通高等学校学生管理规定》，允许学生休学进行创业。2016—2017年，教育部遴选认定深化"双创"教育改革示范高校，确定北京大学等200所高校为示范高校。2017年，党的十九大报告明确提出："创新是引领发展的第一动力，要加快建设创新型国家。"[②] 此后，各地高校纷纷以"双创"大赛来推动"双创"教育，打造多元化的"双创"课程体系，将"双创"课程纳入学分制体系；积极创建"双创"实践基地、孵化产业园，开设企业家论坛，"双创"教育体系更加完善。

5. 提质升级阶段（2018年至今）

2018年9月，新时代第一次全国教育大会隆重召开，为加快教育现代化、建设教育强国指明方向，提供遵循。国务院出台《关于推动创新创业高质量发展 打造"双创"升级版的意见》，明确要求把"双创"教育及实践课程纳入学校必修课体系，推广创业导师制，允许学生以"双创"成果替代论文参与答辩。同年10月，教育部颁布"新时代高教40条"，要

① 胡锦涛. 坚定不移沿着中国特色社会主义道路前进 为全面建成小康社会而奋斗：在中国共产党第十八次全国代表大会上的报告 [J]. 求是，2012（22）：3-25.
② 习近平. 习近平著作选读：第2卷 [M]. 北京：人民出版社，2023：25-26.

求深化"双创"课程体系、队伍建设、教学方法等方面改革,推动与思政教育、专业教育相融合,让"双创"教育改革成为高等教育改革的突破口,高校"双创"教育进入深化改革和总体提质升级阶段。

2022年,习近平总书记在党的二十大报告中提出:"要坚持科技是第一生产力、人才是第一资源、创新是第一动力,坚持创新在我国现代化建设全局的核心地位。"① 目前,我国"双创"教育正处于发展黄金期,国家通过出台各种政策,鼓励高校大胆深化"双创"教育改革,这意味着"双创"教育必将迎来更加广阔的发展空间。

二、高校"双创"教育发展特征

(一)由高校自发探索到政府引导、社会联动的"双创"教育

我国高校"双创"教育始于1997年,最初的动力主要来自一些高校和学生自发的实践探索,其形式包括举办"双创"大赛、开设"双创"教育课程、创立"双创"教育研究中心、营造"双创"教育环境等。这种自发探索是高校"双创"教育的粗浅尝试,没有国家的统一规划和社会的大力支持,缺乏有效的组织性系统性,比较缺乏发展后劲。经历一段时间的自发实践探索后,"双创"教育得到党和国家的高度重视。2002年,教育部确定9所试点高校并予以政策和经费支持,综合实践探索高校"双创"教育。基于政府扶持与引导的多元探索,"双创"教育开始形成多元化的教育模式。2010年,教育部发布《关于大力推进创新创业教育和大学生自主创业工作的意见》,全面推进高校"双创"教育。5年后(2015年),国务院《关于深化高等学校创新创业教育改革的实施意见》出台,强化了"双创"教育资源整合及良好环境培育,推动高校"双创"教育全面开展和逐步深化。但必须清醒地看到,高校"双创"教育动力不够强,还没有真正形成高校、政府、企业、其他社会组织多方联动机制,还需要进一步加快构建高校、政府、企业行业、社会互动互融的"双创"教育生态系统。

(二)由技能化到素质化的"双创"教育

在高校"双创"教育发展初期,基于联合国教科文组织倡导的"双创"教育概念本身具有技能性和功利性倾向,国外出于解决日益突出失业问题而发展"双创"教育的传统影响以及国内高校扩招、学生就业形势愈

---

① 习近平. 习近平著作选读:第1卷 [M]. 北京:人民出版社,2023:28-29.

发严峻大背景，多数高校更愿意接受以技能型为主导的"双创"教育理念。技能型"双创"教育是以缓解就业压力为教育目的，以"双创"知识学习与"双创"技能培训为教学内容，培养能够自谋职业或创造更多工作岗位的一种教育，对大学生树立"双创"意识、提升"双创"能力以及拓宽就业渠道起到了积极作用。但是把"双创"教育定位为开办企业的"双创"培训，缓解就业压力，侧重操作和技能层面培养，一定程度上忽视了对学生"双创"素质、精神与品质的培养，背离了"双创"教育的本质属性。这种功利性教育不能从根本上解决就业问题，因此，我们应大力推行素质型"双创"教育。素质型"双创"教育是"以学生综合素质提升为目标，以培养学生创新精神、创业意识、创业素质及社会责任意识为主要任务的一种综合素质教育"①。《关于大力推进高等学校创新创业教育和大学生自主创业工作的意见》《关于深化高等学校创新创业教育改革的实施意见》明确要求"双创"教育以提高学生创新精神、创业意识创业能力和社会责任感为核心，从人才培养质量层面考量学生创新精神、创业意识和"双创"能力及投身"双创"实践。目前，全国各地高校认真贯彻落实国家关于"双创"教育的部署要求，树立具有中国特色的"双创"教育理念，全覆盖开设"双创"教育课程体系，不断健全"双创"人才培养机制。

（三）由模仿到本土化的"双创"教育

我国"双创"教育落后发达国家半个多世纪，在起步阶段主要引进国外"双创"教育课程、教材、方法、案例、模式及经验。我国高校"双创"教育本土化探索始于1998年清华大学举办的首届创业大赛。反观20多年来的"双创"教育发展实践，我们必须紧密结合我国高校的具体特点，向本土化"双创"教育转变，走出一条中国特色的高校"双创"教育内涵式发展道路。要完善高校"双创"教育体制机制，把"双创"教育目标融入人才培养质量标准，以此来引领学校办学定位与服务面向。持续完善评价体系，把"双创"教育质量纳入学校办学评估指标体系，增强"双创"教育内部动力和外部压力。要构建具有我国高校特色的"双创"教育课程体系，立足我国"双创"教育需要和学生全面发展需要，开设具有中国风格特色、时代特征、系统性结构内容的必修和选修课程。紧扣人才培

---

① 谢志远，等. 大学生创业教育转型发展研究 [M]. 杭州：浙江大学出版社，2012：17.

养定位和"双创"教育目标要求，下大力气研发"双创"教育校本课程。注重本土"双创"教育的典型案例开发与利用，突出人文传统和文化传统，培育特色"双创"教育文化。立足我国历史文化的传统与环境、区域经济的发展实际和高校的文化底蕴及自身特色，将"双创"教育课程纳入人才培养方案，与专业教育深度融合，创造具有我国高校特色的"双创"教育模式。

三、高校"双创"教育发展趋势

经过20多年的发展，我国高校"双创"教育成效较为显著，但与广大人民群众对高校培养杰出拔尖创新人才的期盼、与国际知名高校竞相建设"双创"型大学发展大势相比，我国高校"双创"教育迫切需要提质增效、谋划未来发展。2020年6月20日—21日，清华大学经济管理学院李纪珍副院长在"高校双创教育的创新"云论坛上提出的"三创"教育，是高校"双创"教育未来发展的重要趋势。本书认为，我国高校"双创"教育的未来发展方向，在于"三创（创新、创业、创造）"教育。

"三创"教育是在全面推进素质教育和建设创新型国家战略思想指导下，运用协同创新教育理念，以通识教育、学科专业教育、文理融合教育和成功教育为基础，将创造、创新与创业理念融入学校教育，以学生创造、创新、创业精神和能力为培养目标的一种新型教育范式。2015年，教育部《关于做好2016届全国普通高等学校毕业生就业创业工作的通知》要求高校设置"双创"教育课程，推动开展"三创"教育。2020年，全国大学生"双创"实践联盟第二届年会暨第三届"双创"实践新技术高峰论坛的主题就与"三创"教育相关。党的二十大报告指出，"教育、科技、人才是全面建设社会主义现代化国家的基础性、战略性支撑"①，强调新时代新征程教育的战略性地位，是全面建设社会主义现代化国家在教育领域的具体实践。在"两个大局"（中华民族伟大复兴的战略全局、世界百年未有之大变局）时代背景下，高校肩负着特殊而重大的历史使命。特别是党的二十大报告中提到教育强国、科技强国、人才强国、制造强国、农业强国等系列强国理念，这些都需要以高校"三创"教育作为基础性支撑、战略性支撑。为此，在当前和今后一段时期，高校"三创"教育高质量发

---

① 习近平. 习近平著作选读：第1卷［M］. 北京：人民出版社，2023：27-28.

展势在必行。

在全面建设社会主义现代化国家的新征程上，高校高质量发展"三创"教育必须做到三个坚持：一是坚持以立德树人为高质量发展的根本任务和目标，培养社会主义建设者和接班人。主动挖掘"三创"教育中生动的思政教育资源，深入推进"思创"融合，引领学生树立正确的"三创"价值观。瞄准科技前沿和新兴专业，深入推进"专创融合""科创融合"，在专业教育中提升学生"三创"能力。通过"三创"实践培养强健体魄，练就敢闯会创的过硬本领，塑造百折不挠的意志品质，造就艰苦奋斗、爱岗敬业、精益求精的职业操守。二是坚持聚焦国家重大战略，提升对社会经济高质量发展的贡献力。要扎根中国大地，面向国家重大战略需求培养人才，与"共同富裕""乡村振兴"等战略结合，服务中华民族伟大复兴。新工科、新医科、新农科、新文科建设紧密融合，立足本校优势学科，探索建立跨院校、跨学科专业交叉培养"三创"人才的新机制。三是坚持科学教评导向，营造德、智、体、美、劳全面发展的人才评价氛围。要以新时代教育评价原则为指导，把创造精神、创新意识和创业能力作为评价"三创"教育质量的重要指标，着力改革学生—教师—学校评价考核方式，建立"三创"教育全链条式评价体系，形成良好的"三创"教育生态系统。

第二章　乡村振兴战略理论概述

作为习近平新时代中国特色社会主义思想不可或缺的重要组成部分，乡村振兴战略是我们党对"三农"工作系列方针政策的继承、发展和创新，是全面建成社会主义现代化强国的全局性任务和做好新时代"三农"工作的总抓手，是实现第二个百年奋斗目标的"国之大者"。

第一节　乡村振兴战略的科学内涵

一、乡村振兴战略的提出背景

（一）国际背景

当前，世界正处于百年未有之大变局中。习近平总书记指出，"当前，我国处于近代以来最好的发展时期，世界处于百年未有之大变局"①，指明了当今世界发展基本态势和时代特征。当今国际形势正在发生深刻复杂变化，世界不稳定性不确定性明显增加，"黑天鹅""灰犀牛"事件随时都有可能发生，各类挑战和风险加速累积，这就要求我们必须集中精力办好自己的事，才能更好地应对挑战，化解风险。当前，我国社会经济高质量发展中最薄弱的环节仍然是"三农"问题。如果"三农"问题得不到有效解决，就会影响到我国高质量发展和稳定全局，就难以更好地集中力量来有效应对各种困难、风险和不确定性的挑战。这就要求我们全面实施乡村振兴战略，破解新时代"三农"问题。

同时，我国是人口大国，是粮食生产及进口大国。粮食问题涉及全国

---

① 习近平在中央外事会议上强调：坚持以新时代中国特色社会主义外交思想为指导 努力开创中国特色大国外交新局面 [N]. 光明日报，2018-06-24（1）.

人民的饭碗问题，是关系到国家长治久安、人民幸福安康、中华民族伟大复兴的重大问题。国际局势动荡不安、全球挑战层出不穷，必然会对我国的粮食安全造成极大影响。习近平总书记为此多次强调："中国人的饭碗任何时候都要牢牢端在自己手上。"① 面对"两个变局"，我们要确保粮食安全，端好端牢自己的饭碗，就必须大力发展农业生产。发展农业生产、解决粮食问题涉及我国社会经济发展的最短板，也就是"三农"问题。基于此，乡村振兴战略深入实施是解决好我国粮食乃至"三农"问题的必然选择。乡村振兴战略正是基于世界百年未有之大变局的世情和中华民族伟大复兴的战略全局的国情，以习近平同志为核心的党中央做出的一项重大战略决策，也是有力应对"两个变局"对我国"三农"发展带来挑战与风险的一项重大部署。

（二）国内背景

党的十九大报告明确指出："中国特色社会主义进入了新时代，这是我国发展新的历史方位。"② 乡村振兴战略正是基于新时代我国社会主义伟大事业高质量发展新形势、新任务、新要求而提出的。

从社会的主要矛盾来看，已转变为"人民日益增长的美好生活需要和不平衡不充分的发展之间的矛盾"③，这表明人民的需求不局限在一般的物质与文化追求上，而是对更高水平、更高质量、更美好生活的追求。习近平总书记指出，"我国发展最大的不平衡是城乡发展不平衡，最大的不充分是农村发展不充分"④，指明了我国社会当前的主要矛盾的主要方面集中在农村、农业与农民的发展不平衡不充分问题上，也就是一直以来我们党和国家高度重视的"三农"问题。这也成为新时代解决我国社会的主要矛盾的最关键性任务，决定了乡村振兴战略提出的必然性。因此，可以说乡村振兴战略是解决新时代我国社会主要矛盾时代要求的必然产物。

从历史使命和行动价值来看，我们党自成立之日起就义无反顾地肩负起实现民族伟大复兴的使命。民族的伟大复兴，必然包括乡村在内的全面复兴。习近平总书记指出，"我国农业农村发展步伐还跟不上，'一条腿长、一条腿短'问题比较突出""没有农业农村的现代化，就没有整个国

① 中共中央宣传部. 习近平总书记系列重要讲话读本 ［M］. 北京：学习出版社，2014：82.
② 习近平. 习近平著作选读：第 2 卷 ［M］. 北京：人民出版社，2023：8-9.
③ 习近平. 习近平著作选读：第 2 卷 ［M］. 北京：人民出版社，2023：9.
④ 习近平. 习近平谈治国理政：第 3 卷 ［M］. 北京：外文出版社，2020：256.

家的现代化"①，表明了影响民族伟大复兴全局的短板在农村，乡村全面振兴在整个复兴伟业中占有重要地位。虽然今天"我们比历史上任何时期都更接近中华民族伟大复兴的目标，比历史上任何时期都更有信心、更有能力实现这个目标"②，但在实现民族复兴的过程中还必须解决好"三农"问题。民族要实现伟大复兴，我们党就必须要团结带领全国各族人民集中精力把"三农"问题解决好，就必须凝心聚力深入实施乡村振兴战略。因此，可以说乡村振兴战略是我们党的执政使命所决定的时代产物。

从社会发展的战略目标及任务来看，党的十九大报告提出我国发展战略的总体目标是"到2035年基本实现社会主义现代化，到2050年建成富强民主文明和谐美丽的社会主义现代化强国"③。在新时代，实现宏伟的战略目标是我们奋斗的方向，这激发了内生动力，但我国"经济社会发展中最明显的短板仍然在'三农'，现代化建设中最薄弱的环节仍然是农业农村"④。战略发展任务的完成和目标的实现，要求必须实施乡村振兴战略，全面振兴乡村。为此，习近平总书记多次强调："把解决好'三农'问题作为全党工作重中之重。"⑤ 乡村振兴战略正是为解决好新时代宏伟战略目标和发展任务与现实中严重的"三农"问题之间的矛盾而提出的。

（三）党内背景

党的二十大报告明确指出："全面建设社会主义现代化国家、全面推进中华民族伟大复兴，关键在党。"⑥ 办好农村的事、解决好"三农"问题、以乡村振兴促进民族伟大复兴，关键也在党。党的十八大以来，党和国家创造性地把党的建设提升到前所未有的高度，全面实施新时代党的建设新的伟大工程，我们党焕发出强大的生机与活力。通过在党内开展党的群众路线教育实践活动、"三严三实"专题教育、"两学一做"学习教育、"不忘初心、牢记使命"主题教育、党史学习教育和学习贯彻习近平新时代中国特色社会主义思想主题教育等大型集中学习教育，全力推进革命性锻造以确保我们党坚定走在时代最前列。实践证明，无论是脱贫攻坚的胜

---

① 习近平. 习近平谈治国理政：第3卷［M］. 北京：外文出版社，2020：255.
② 习近平. 习近平著作选读：第2卷［M］. 北京：人民出版社，2023：13.
③ 习近平. 习近平著作选读：第2卷［M］. 北京：人民出版社，2023：24.
④ 中华人民共和国中央人民政府. 中共中央、国务院印发《乡村振兴战略规划（2018—2022年）》［EB/OL］. http://www. gov. cn/zhengce/2018-0/26content_5325534. htm.
⑤ 习近平. 习近平著作选读：第2卷［M］. 北京：人民出版社，2023：26.
⑥ 习近平. 习近平著作选读：第1卷［M］. 北京：人民出版社，2023：52.

利完成、小康社会的全面建成，还是建设现代化国家新征程的全面开启，我们党通过革命性的锻造，最终都能战胜各种困难和挑战，走在时代的最前列。这一发展状况，决定了我们党完全有能力解决好"三农"问题。党的十九大报告明确提出："农业农村农民问题是关系国计民生的根本性问题，必须始终把解决好'三农'问题作为全党工作重中之重。"① 我们党把解决"三农"问题提到前所未有的高度，首次提出乡村振兴战略，出台首个乡村振兴方面的规划——《乡村振兴战略规划（2018—2022 年）》。把"三农"问题解决好、推动乡村实现全面振兴，这也是我们党走在时代最前列的最直接体现。因此，乡村振兴战略正是基于这一背景提出的。在革命性锻造中坚定走在时代最前列的党情成为提出乡村振兴战略的党内背景。

二、乡村振兴战略的内涵

党的十九大报告明确提出："要深入实施乡村振兴战略。"② 乡村振兴战略是习近平新时代中国特色社会主义思想在"三农"领域的集中体现，是我们党在全面建成小康社会决胜阶段发展农业的重要战略，其内涵丰富，是一个全面振兴的综合性概念。

（一）乡村振兴战略的总体目标

党的十九大报告提出，"要加快推进农业农村现代化"③，它是实施乡村振兴战略的总体目标。此后，"农业农村现代化"这一概念就出现在党和国家各级各类文件中。这一总体目标的提出，既丰富了"五位一体"总体布局的内涵，又对建设社会主义现代化国家做出了新部署。

加快农业农村现代化是中国式现代化的基础支撑和题中之义。没有现代化的农业农村，就不会有整个国家的现代化。在新中国成立之初，我国就提出并开始推进农业现代化，但当时没有将其提升到战略目标的高度上。在相关的文件中只将农业现代化和农村现代化作为独立的两部分来表述，没有把两者作为一个整体来部署。改革开放后，农业现代化频繁出现

---

① 习近平. 习近平著作选读：第 2 卷 [M]. 北京：人民出版社，2023：26.
② 习近平. 习近平著作选读：第 2 卷 [M]. 北京：人民出版社，2023：26.
③ 习近平. 习近平著作选读：第 2 卷 [M]. 北京：人民出版社，2023：26.

在党和国家各类工作报告中，从党的十六大报告"建设现代农业"①，到党的十七大报告"走中国特色农业现代化道路"②，再到党的十八大报告"坚持走中国特色新型农业现代化道路"③，充分表明农业农村的现代化事关中国式现代化的实现。但是农业农村的现代化"不是农业现代化与农村现代化内容的简单叠加，而是由二者有机耦合而成的互有联系、彼此促进、相互交融的有机整体"④。乡村振兴与发展的目标和结果是农业农村的现代化。农业是国民经济中最基础的一个产业，把它打造成有奔头的产业是乡村实现振兴与发展、农业实现现代化的内在要求。美丽乡村是美丽中国建设不可或缺的组成部分，把乡村建设成安居乐业的美丽家园是提高乡村文明程度、实现农村现代化的必然要求。把"农民"变成更有吸引力的职业，让农业发展"后继有人"是完成农业现代化、实现共同富裕的必然选择。只有坚定不移地"走中国特色社会主义乡村振兴道路，让农业成为有奔头的产业，让农民成为有吸引力的职业，让农村成为安居乐业的美丽家园"⑤，才能早日实现乡村的全面振兴与发展。换言之，实施乡村振兴战略的最终目标就是要实现农业富强、乡村美丽、农民富裕。

（二）乡村振兴战略的总方针

党的十九大报告提出，"要坚持农业农村优先发展"⑥，明确了优先发展农业农村是实施乡村振兴战略的总方针。习近平总书记在 2017 年底中央农村工作会议、2018 年中央政治局第八次集体学习、2019 年"两会"期间参加河南代表团审议等多个场合深刻阐述了农业农村优先发展的科学内涵，强调优先发展农业农村，提出"四个优先"要求。此后，中央通过发布"一号文件"将"坚持农业农村优先发展"确定为抓好"三农"工作的总方针。

① 江泽民. 全面建设小康社会，开创中国特色社会主义事业新局面：在中国共产党第十六次全国代表大会上的报告 [J]. 求是，2002（22）：3-19.

② 胡锦涛. 高举中国特色社会主义伟大旗帜 为夺取全面建设小康社会新胜利而奋斗：在中国共产党第十七次全国代表大会上的报告 [J]. 求是，2007（21）：3-22.

③ 胡锦涛. 坚定不移沿着中国特色社会主义道路前进 为全面建成小康社会而奋斗：在中国共产党第十八次全国代表大会上的报告 [J]. 求是，2012（22）：3-25.

④ 杜志雄. 农业农村现代化：内涵辨析、问题挑战与实现路径 [J]. 南京农业大学学报（社会科学版），2021，21（5）：1-10.

⑤ 中华人民共和国中央人民政府. 中共中央、国务院印发《乡村振兴战略规划（2018—2022 年）》[EB/OL].http://www.gov.cn/zhengce/2018-0/26content_5325534.htm.

⑥ 习近平. 习近平著作选读：第 2 卷 [M]. 北京：人民出版社，2023：26.

坚持农业农村优先发展是我们党着眼于两个一百年奋斗目标实现及"三农"问题解决而做出的一个重大战略性安排，是决胜全面建成小康社会和全面建设社会主义现代化国家必须坚持的一项重大战略性原则和重要政策性导向。它的本质在于坚持"四个优先"，也就是优先考虑"三农"干部配备、满足"三农"发展要素配置、保障"三农"资金投入、安排乡村公共服务。"三农"干部配备的优先考虑，就是要把最优秀的干部、最精锐的力量选派到"三农"一线，着重选拔熟悉"三农"的干部进入乡村各级党政领导班子。"三农"发展要素配置的优先满足，就是要破除制约城市和乡村要素自由流动、平等交换体制与机制的壁垒，改变乡村要素单向流出的局面，推动人才等资源要素流入乡村。"三农"资金投入的优先保障，就是要把农业、农村作为财政和金融优先保障服务领域，公共财政倾向"三农"，县域新增的贷款用于振兴乡村。乡村公共服务优先安排，就是要建立均衡配置城市与乡村公共资源机制，强化乡村基本公共服务供给县村镇统筹，不断提升公共服务水平，推进城市与乡村基本公共服务的标准统一、制度并轨，实现从形式普惠向实质上的普惠公平转变[①]。它顺应了城市与乡村演变及现代化发展规律，抓住了当前社会的主要矛盾，继承和发展了我们党的"三农"工作系列方针和政策，是创新我们党城市与乡村关系理论的最新成果，是习近平总书记关于"三农"工作重要论述的重要内容，为加快农业农村现代化提供了强大的思想和政策武器。

（三）乡村振兴战略的总体要求

党的十九大报告提出，"按照产业兴旺、生态宜居、乡风文明、治理有效、生活富裕的总体要求，加快推进农业农村现代化"[②]，明确了乡村振兴战略的总体要求是产业兴旺、生态宜居、乡风文明、治理有效、生活富裕。这一总体要求意蕴极为深刻，值得仔细分析、推敲、研究。在当前全面推进乡村振兴背景下，解析这一总体要求，有助于全面理解和把握乡村振兴战略的宏观顶层设计及其要求，对这一战略的有效实施具有重大的现实意义。

1. 产业兴旺是实施乡村振兴战略的基础

产业的兴旺与发展能支撑起乡村经济的快速发展、社会的和谐进步、

---

① 中共中央，国务院. 中共中央 国务院关于坚持农业农村优先发展 做好"三农"工作的若干意见 [J]. 农村工作通讯，2019（4）：5-11.

② 习近平. 习近平著作选读：第2卷 [M]. 北京：人民出版社，2023：26.

生态文明的持续改善，为乡村的产业、人才、文化、生态和组织"五大振兴"提供经济保障。产业兴旺是有质、有效的兴旺，是"着眼于接二连三、一二三产融合、功能多样、质量取胜的现代农业产业的兴旺与发展"①。促进乡村的产业兴旺与发展，就必须加快现代农业产业体系、生产体系、经营体系建构。发展现代农业产业体系是其中的关键。它不能局限于农业的"一产"，而是要发挥现代农业"接二连三"的作用，延长现代农业的产业链，提升其价值链，发展农产品加工、休闲农业等，推动乡村产业升级与发展。产业兴旺的基础在于发展绿色化、优质化、特色化和品牌化的现代农业生产体系，要加强现代农业要素投入和数字科技支撑，尤其是在当前数字经济背景下，利用以互联网、大数据等为代表的数字技术赋能农业生产体系，可以助推传统农业升级换代，加快农业信息、技术推广，激发传统生产要素活力，促进农业产业体系高质量发展。现代农业经营体系是家庭、集体、合作和企业"四位一体"经营协同发展的新型农业经营体系。要坚持家庭经营基础性地位，发展多类型农业适度规模经营，壮大集体经济，扶持带动新型农业经营主体和小农户发展。产业兴旺是乡村实现全面振兴的核心基础，是农村实现共同富裕的经济基础。它的基础性地位决定了乡村发展产业必须要稳扎稳打。

2. 生态宜居是实施乡村振兴战略的关键

习近平总书记在2017年12月的中央农村工作会议上指出，"生态宜居是乡村振兴的内在要求"②。党的二十大报告提出，"要牢固树立和践行'绿水青山就是金山银山'的理念，持续深入打好蓝天、碧水、净土保卫战"③，充分体现了生态宜居在实施乡村振兴战略过程中的关键性。良好生态环境是乡村最大的优势和最宝贵的财富，它不是专属于本地村民的宜居，应是向前来度假或康养的城市居民开放、城乡互通的生态宜居。建设生态宜居的现代农村，要求乡村的自然环境要优美，人文环境要舒适，基础设施要齐全。因此，要坚持完整、准确、全面贯彻新发展理念，坚持绿色、生态导向，加快现代农业绿色发展，发展绿色低碳农业及相关生态产业。加强农村公共基础设施工程建设。深入实施农村厕所革命、治理生活

① 黄祖辉. 准确把握中国乡村振兴战略 [J]. 中国农村经济，2018 (4)：2-12.
② 习近平在2017年中央农村工作会议上发表重要讲话 [EB/OL]. https://www.gov.cn/xinwen/2017-12/29/content_5251611.htm.
③ 习近平. 习近平著作选读：第1卷 [M]. 北京：人民出版社，2023：41.

污水垃圾、治理废沟污河、提升村容村貌"四大工程"，着力整治乡村人居环境。加强乡土文化遗产传承投入，带动乡村特色文化发展，让生态宜居的乡村成为"绿水青山就是金山银山"所在之地，成为城乡居民对美好生活向往的心旷神怡之地。

3. 乡风文明是实施乡村振兴战略的灵魂

党的十九大报告指出："文化是一个国家、一个民族的灵魂。"[①] 2018年，习近平总书记在参加十三届全国人大一次会议山东代表团审议时强调："深入挖掘优秀传统农耕文化蕴含的思想观念、人文精神、道德规范，培育文明乡风，改善农民精神风貌，提高乡村社会文明程度，焕发乡村文明新气象。"[②] 乡村是我国传统农耕文化的主要发源地。乡风文明既是传承我国五千年历史的农耕文明，又是能体现现代化工业、城乡化发展特性的传统文明与现代文明有机融合的文明，它是社会主义精神文明在乡村的具体体现，是新时代推进乡村全面振兴的灵魂和保障。只有抓好乡村文明建设，才能更有效地推进乡村振兴战略的全面实施。因此，要正确处理现代文明和农耕文明之间的关系，推动乡村农耕文化、家教文化、乡贤文化等传统乡土文明与现代文明共融共生发展。弘扬社会主义核心价值观，挖掘传承乡村优秀传统文化，应注重培养农民思想道德、科学文化素质，持续提升农民综合素质，进一步改善农民精神风貌。挖掘乡村传统文化要素，开发特色文化资源，通过发展乡村传统文化产业带动乡村振兴，促进农民增收，实现精神和物质富裕的协同与共进。

4. 治理有效是实施乡村振兴战略的保障

党的十九大报告提出："健全自治、法治、德治相结合的乡村治理体系。"[③] 乡村有效治理既是国家治理体系和治理能力现代化的内在要求，也是深入实施乡村振兴战略、有效解决"三农"问题的必然要求。乡村的有效治理，有赖于乡村社会治理体制的健全和完善。乡村社会治理体制保障乡村和谐稳定、村民生活有序。在有效的乡村治理体制中，村民的政治、民生权利得以实现，广大村民对更丰富的教育资源、更稳定的社会保障、更公平的生活环境的诉求需要乡村有效治理机制来保障。因此，要完善乡

村自治功能，大力发展和培育乡村社会组织，融合乡村各级治理组织，尤其需要党组织、政府组织和村民自治组织等多元乡村治理主体的参与融合和高效协同。坚持以村民自治为根本、法治为保障、德治为基础，探索建构多元化乡土化治理体系，促进乡村更加安定、农民更加安宁。尊重乡村实际与广大村民诉求，挖掘乡土特色文化资源，用伦理道德准则规范村民行为，推动社会舆论与自我修养有机结合，加快建构自治、法治、德治相结合的乡村现代治理体系。

5. 生活富裕是实施乡村振兴战略的目标

2018 年，习近平总书记在四川考察时强调："要把生活富裕作为实施乡村振兴战略的中心任务，扎扎实实把乡村振兴战略实施好。"[①] 只有让农民看到乡村振兴可改善生活条件、走向富裕生活，他们才能真正主动地投身其中并发挥作为建设主体的能动性。实施乡村振兴战略的根本目的是要消除贫困，最终目标是要持续增加农民的收入，直至达到富裕的生活。生活富裕既是实施乡村振兴战略的最终落脚点，也是全体人民共同富裕目标实现的必然要求。对其内涵的理解不能仅停留在消除贫困、增加收入等物质财富增加上，更要体现在受教育程度提升、生活质量持续提升、家庭和睦、精神富足、文化繁荣、生态优越等精神财富的增加上，要体现在城乡居民在收入分配、社会保障、人居环境和文化生活等方面的差距持续缩小上，实现共享发展成果，最终达到共同富裕。生活富裕的主体是农民。我国"三农"问题的核心是广大农民收入问题。实施乡村振兴战略，就是要让广大村民收入增加、生活美好，创造更多就业、创业的机会，将生产、经营融为一体，让村民口袋里有钱，衣、食、住、行等物质需求无忧，精神生活丰富，生活绚烂多姿，乡村整体脱贫，农民的获得感、幸福感、满意感、安全感更加充分。从这个意义上来说，生活富裕是实施乡村振兴战略的根本目标。

(四) 乡村振兴战略的基本特点

1. 时代性

乡村振兴战略是国家为破解"三农"难题、解决新时代社会主要矛盾、实现两个一百年奋斗目标和中华民族伟大复兴而提出的符合新时代要求的一项重大战略性部署。从这一战略的指导思想、基本原则、内容路径

---

① 习近平春节前夕赴四川看望慰问各族干部群众 [EB/OL]. http://www.xinhuanet.com/politics/2018-02/13/c_1122415641.htm.

及实现目标中可以看出，它紧扣时代脉搏、紧贴时代主题、紧跟时代步伐、紧握时代方向，及时有针对性地回应打好脱贫攻坚战、实现城乡高质量融合、继承乡村优秀传统文化、协同乡村产业发展与生态环境保护等现实性问题，体现了鲜明的时代特性。

2. 实践性

乡村振兴战略不是凭空想象出来的，而是习近平总书记在总结升华我国解决"三农"问题历史经验并有机结合"三农"建设实践而提出来的。习近平总书记从年轻时主政河北正定到主政福建再到主政浙江，对"三农"工作的重要论述不断增多深入、思想体系不断丰富成熟。特别是习近平总书记在主政浙江时，深刻认识"三农"问题，认为解决"三农"问题就要全面协调城市与乡村发展，最终实现"虽有城乡之别，而少城市之差"①。党的十八大以后，习近平总书记对"三农"工作的论述更加丰富，内涵更加深刻，内容更加全面，实践过程中措施更加成熟，体系更加完善，体现了高度的实践性。

3. 人民性

实施乡村振兴战略，就是要解决城市居民与乡村居民收入差距过大、村民致富困难这一现实性问题，持续增加农民收入，彻底消除绝对贫困。从实施这一战略的过程来看，乡村振兴的主体是农民，战略实施过程主要依靠的力量还是农民。农民在乡村全面振兴中的角色不可替代，作用不可缺少，影响不容忽视。从这一战略的最终目标来看，乡村全面振兴要实现的是农民生活富裕，农民是其中受惠最大的群体。从生活实现富裕的历史意义来看，只有农民的生活实现富裕，民族复兴伟业才能真正实现。从我国农民人口占全国总人口50%以上的情况来看，乡村振兴战略的实施代表了最广大人民群众的心声，维护了他们的利益，体现了广泛的人民性。

4. 科学性

从指导理论的科学角度来看，乡村振兴战略是在被历史实践证明的科学理论——马克思主义基本原理指导的基础上提出来的。从自身理论的科学角度来看，乡村振兴战略是马克思主义中国化的重要成果，传承了我国优秀传统文化"重农"思想基因，继承了我们建党建国以来"三农"工作的实践经验。从实践的科学角度来看，乡村振兴战略是我国历届领导集体

---

① 习近平. 之江新语［M］. 杭州：浙江人民出版社，2007：188-189.

在中国特色社会主义建设实践中对"三农"工作的实践探索和经验总结，是我们党加快伟大复兴工程的重大科学决策。它既能解决重大现实问题，又能加快实现民族复兴伟业。从理论到实践、从实践到理论，体现了强烈的科学性。

5. 系统性

从乡村振兴战略的实施内容来看，乡村振兴是"三农"全方位、整体性的振兴，既要统筹乡村"五位一体"发展，又要协调与"三农"发展相关联的各环节。要系统处理好产业、人才、文化、生态、组织"五个振兴"的关系，促进乡村振兴与发展。从乡村振兴战略的实施过程来看，乡村振兴是一个综合性、系统性、长期性工程。从国家颁布的《乡村振兴战略规划（2018—2022年）》可看出乡村振兴有短期、中期和长期目标，注重振兴过程的系统性。从乡村振兴战略实施内容的全面性到实施过程的系统性，体现了全面的系统性。

第二节　乡村振兴战略的逻辑构成

一、乡村振兴战略的理论逻辑

（一）马克思、恩格斯的"三农"理论

马克思主义是基于人类历史发展规律的科学认识，以资本主义社会的生产力和生产关系为研究起点，形成的关于如何打破一个旧世界、建立一个新世界的一门学说。马克思、恩格斯关于"三农"工作的重要论述主要集中在《资本论》《法德农民问题》《哲学的贫困》等著作中，其观点主要有：

1. 农业在国民经济中的基础性地位

马克思和恩格斯认为，农业是人类衣食之根源、生存之根本，是一切剩余劳动的基础和其他能独立存在的一切劳动的前提。马克思指出："超过劳动者个人需要的农业劳动生产率，是一切社会的基础，且首先是资本主义生产的基础。"[①] "农业劳动不仅对农业领域本身的剩余劳动来说是自然基础，且对其他一切劳动部门变为独立劳动部门，从而对这些部门中创

---

① 马克思. 资本论：第3卷 [M]. 北京：人民出版社，1956：1025.

造的剩余价值来说也是自然基础。"① 马克思、恩格斯基于这一论点，阐述了无产阶级在夺取政权后如何巩固农业基础性地位，大力发展农业经济，为我国始终坚持和巩固农业基础性地位、深入实施乡村振兴战略提供了理论性指导和实践性参考。

2. 小农经济解体和农业合作化

农业化合作运动是推动现代社会发展的重要力量。马克思和恩格斯指出："小农是落后的生产力代表，小农生产是过时的生产方式的一种残余。我们的小农正在不可挽回地走向灭亡。""合作运动的重大功绩在于用事实证明那种专制、产生赤贫现象、让劳动依附于资本的现代制度将被共和、繁荣、自由平等的生产者联合起来的制度所代替的可能性。"② 基于这一趋势，他们又指出："只有引导农民积极加入合作社，他们才不会因落后的生产力走向灭亡。"③ 马克思和恩格斯主张以土地的国有化引导农民走合作化道路。在合作化的基础上，统一管理农业及发展规模，最大限度地体现土地的价值。如果没有合作化的农业，农民和农业势必会走向衰败，因而要"把各小块的土地结合起来并且在全部结合起来的土地上进行大规模经营"④。马克思和恩格斯还就推进农业合作化过程强调注意方式方法，尊重和保护农民权利，为我国社会主义革命和建设提供了理论武器。

3. 土地国有化

土地是人类可充分利用的最宝贵自然资源，是人类生存的最基本生产资料。马克思非常关注土地问题，主张实行土地国有化。马克思在《论土地的国有化》中指出："土地的国有化将让劳动和资本的关系彻底改变，归根到底将完全地消灭工业和农业中的资本主义生产方式。到那时候，阶级差别和各种特权才会随着他们赖以存在的经济基础一同消失。靠他人的劳动而生活将成为一种往事。"⑤ "社会经济的发展、人口的增加和集中，迫使资本主义农场主在农业中采用集体和有组织的劳动，使用机器和其他发明，让土地的国有化愈来愈成为一种社会必然性。抗拒这种必然性是任何拥护所有权的言论都无能为力的。"⑥ 这些论断尽管是针对当时英国社会

---

① 马克思. 资本论：第3卷［M］. 北京：人民出版社，1956：105-106.
② 马克思，恩格斯. 马克思恩格斯全集：第22卷［M］. 北京：人民出版社，2014：567.
③ 马克思，恩格斯. 马克思恩格斯全集：第22卷［M］. 北京：人民出版社，2014：580-581.
④ 马克思，恩格斯. 马克思恩格斯选集：第4卷［M］. 北京：人民出版社，2012：499.
⑤ 马克思，恩格斯. 马克思恩格斯全集：第18卷［M］. 北京：人民出版社，1964：64-65.
⑥ 马克思，恩格斯. 马克思恩格斯全集：第18卷［M］. 北京：人民出版社，1964：67.

经济发展所做出的，但对于我国深化农业改革、走农业现代化道路也具有重要的理论借鉴作用。

4. 城乡一体化发展

城乡一体化发展是一种新型的和谐的城市和乡村关系。马克思和恩格斯认为，城市和乡村的出现及两者的对立与社会分工、经济发展和物质利益密切关联，是城市和乡村关系演进的高级阶段和人类社会发展的一种必然趋势。马克思指出："现代历史是乡村的城市化，而不是像古代那样的城市乡村化。"① 他强调社会的分工对城市和乡村产生的严重影响，以及这种分工继续扩大将会造成城市和乡村利益关系的对立。缩小工农差别的基础，在于消除城市和乡村对立，而消除城市和乡村对立的条件，在于缩小工农差别，二者互相促进。马克思在《共产党宣言》中指出："把农业和工业结合起来，促使城市和乡村之间的差别逐步消灭。"② 乡村工业化是实现城市和乡村一体化的先决条件，"消灭城乡的对立，是社会统一的首要条件，这个条件又取决于许多物质前提，单靠意志是不能实现的"③。恩格斯研究消除城市和乡村对立、实现城市和乡村关系协调融合发展问题，形成了其"城乡融合"思想。恩格斯在《反杜林论》中指出："大工业在全国的尽可能平衡分布，是消灭城市和乡村分离的条件，从这方面来说，消灭城市和乡村分离也不是什么空想。"④ 这些论述对我国消除城乡二元经济结构、建立城乡一体化发展格局有很大的参考价值。

（二）列宁的农村建设理论

作为世界历史上第一个社会主义国家的缔造者，列宁将马克思主义基本原理同俄国的实际相结合，立足当时俄国农村实际情况，探索农村社会经济发展的一条新模式、新道路。列宁的农村建设理论是列宁在领导苏联社会主义革命与建设时期探索农村社会主义改造发展所形成的关于农村政治、经济、文化等方面的系列理论和学说。它开创了社会主义农村建设的先河，为我国实施乡村振兴战略提供了宝贵的经验和有益的借鉴。它的内涵主要包括：

---

① 马克思，恩格斯. 马克思恩格斯全集：第46卷 [M]. 北京：人民出版社，1979：85.

② 马克思. 共产党宣言（1847—1848）[M] //马克思恩格斯全集：第4卷. 北京：人民出版社，1958：273.

③ 马克思，恩格斯. 马克思恩格斯选集：第3卷 [M]. 北京：人民出版社，1979：57.

④ 恩格斯. 反杜林论（1876—1878年）[M] //马克思恩格斯全集：第20卷. 北京：人民出版社，1972：32.

1. 以提高农业经营水平为重点的农村经济建设

面对当时俄国以小农经济为主的落后农业国现状，列宁领导苏维埃政权把农业生产效率及经营水平提高作为农村经济建设的重点、作为当时一切政治问题的焦点。一是以政策实施调动农民生产积极性、主动性。列宁主张在农村经济发展过程中应给不通过富农手段取得经营成绩的个体农民予以一定的奖励。列宁强调："不付出特别的努力，就不可能改善经营，对特别勤劳的人应该给予奖励。对任何一个努力工作的人，只要没有使用富农手段就应给予奖励""对做出突出贡献的人应该予以奖励，即便它是个体农民或农户"①。列宁实施新经济政策，以粮食税代替余粮征集制，恢复商品交换，允许发展市场贸易，调动了农民阶级的积极性。二是以新技术新机器来推动农业生产。列宁强调，"农民大大改进以至根本改造全部农业技术"②，主张运用科技发展农业生产，促进农业技术革新，提高农业经营管理现代化水平。1918 年，苏维埃政府专门颁布关于向农业供应生产工具和机械的法令，动用国家权力向农村提供包括耕种机械在内的大批生产工具，推动先进的科学技术和机器运用到农业生产中。三是建设示范农场以发挥农业技术人员的作用。列宁主张建设有利于科技人员作用发挥的大农场，通过农业大规模生产来提升劳动生产率。他在《无产阶级在我国革命中的任务》中提出建设大型农场的设想，认为建设大规模的示范农场可以充分利用先进粮食生产技术来增加农业产量③。

2. 以维护农民的民主权利为核心的农村政治建设

列宁将农村的民主政治建设作为巩固和扩大布尔什维克执政基础的手段，提出以维护和保障农民选举权、被选举权、集会自由权等民主权利为核心的民主政治建设。一是选举先进农民分子加入苏维埃。在十月革命结束后，列宁提出"苏维埃的人民性就体现在每一个农民都能参与选举或罢免苏维埃的代表"④，"要吸纳大量的中低水平农民加入苏维埃，这将会让苏维埃更充满活力，没有他们的加入、支持和帮助，今后很多工作将无法开展，也难以保证苏维埃政权的人民性"⑤。二是吸纳农民代表投身法院工

---

① 列宁. 列宁全集：第 40 卷 [M]. 北京：人民出版社，1986：185.
② 列宁. 列宁全集：第 4 卷 [M]. 北京：人民出版社，2012：107.
③ 列宁. 列宁全集：第 29 卷 [M]. 北京：人民出版社，1985：165.
④ 列宁. 列宁全集：第 36 卷 [M]. 北京：人民出版社，1985：107.
⑤ 列宁. 列宁全集：第 43 卷 [M]. 北京：人民出版社，1987：131.

作。列宁指出："要积极吸引广大贫农参与法院工作，把法院建设成无产阶级和贫苦农民管理国家的重要机关"①，提出苏联农村建设必须要以健全的法制为基础，吸引农民投身法院工作，引导他们学法、知法、执法、守法，自觉运用法律武器维护自身合法权益。三是民主监督农村基层政权机关。列宁指出："地方机关要充分发挥了解工农群众的优势，积极组织农民参加监察工作，注重选拔政治忠诚、在乡村享有威信的非党人员参加基层政权监督监察"②，提出要巩固作为苏维埃革命和建设的前沿阵地和战斗堡垒的农村基层政权就必须强化民主监督。

3. 以提升农民文化素质为基础的农村文化建设

列宁强调，"在一个文盲充斥的国家是不可能建成社会主义的"③，要加快发展农村文化教育事业。一是发展农村基础教育。列宁指出，"教师可帮助教育、改造和团结农民，提高他们的思想觉悟，运用无产阶级思想武装他们，同无产阶级结成紧密的联盟""整个国家预算首先满足初级国民教育需要"④，精简政府机构及人员，增加教育经费投入。二是加强农村文化资源供给。列宁提出："工人和农民是大多数，但文化资源的分配非常有限，苏维埃政府机关人数不多，却占有大量报纸和书籍，这种现象必须得到整治。"⑤ 他在《俄共（布）纲领草案》中把提高广大人民群众的文化知识水平列为首要的任务，指出"苏维埃政权开展国民教育最为重要、最为紧迫的任务，就是帮助工人和农民完成自学自修，为提高他们的文化与素质创造良好条件"⑥，在农村地区设立大量免费的文化设施和文化资料。三是强化城乡文化交流合作。列宁倡导"在工人中组建帮扶农村文化发展团体，发挥无产阶级对农民的引领带动作用，经常到农村生产一线开展文化教育"⑦，指出城市要充分发挥文化高地的优势与作用，助推农村文化建设与发展，帮助农民提高文化素质水平。

（三）中国特色社会主义"三农"理论

近百年以来，以毛泽东、邓小平、江泽民、胡锦涛和习近平为核心的

① 列宁. 列宁全集：第34卷 [M]. 北京：人民出版社，1985：178.
② 列宁. 列宁选集：第4卷 [M]. 北京：人民出版社，1995：178.
③ 列宁. 列宁全集：第36卷 [M]. 北京：人民出版社，1985：6.
④ 列宁. 列宁全集：第33卷 [M]. 北京：人民出版社，1985：357-358.
⑤ 列宁. 列宁全集：第40卷 [M]. 北京：人民出版社，1986：326.
⑥ 列宁. 列宁全集：第36卷 [M]. 北京：人民出版社，1985：88.
⑦ 列宁. 列宁全集：第36卷 [M]. 北京：人民出版社，1985：359.

中国共产党人将马克思主义"三农"理论与中国社会主义革命和建设、改革开放及新时代不同时期的乡村实践情况有机结合，形成各具特色的"三农"思想。这些思想相互传承、与时俱进，形成了独具中国特色的社会主义"三农"理论。

1. 毛泽东"三农"思想

毛泽东特别关注农村，将其作为中国革命根据地，将农民视为革命的重要力量。他在革命胜利前夕提出，"党的工作的重心必须让城市和乡村工作、工人和农民、工业和农业紧密联系起来"[①]，在新中国成立后又提出要快速恢复国民经济和建设社会主义事业，加快乡村经济建设与发展，形成关于乡村发展的重要思想。他论述"三农"在国民经济发展中的地位和作用，强调改造乡村、走社会主义乡村道路，提出建立农业生产合作社、走农村合作化道路，提出"工业与农业同时并举""逐步建立工业农业现代化"思想[②]，对我们今天继续推进乡村建设事业具有重要的指导意义。

2. 邓小平"三农"理论

邓小平遵循马克思主义的基本原理和基本方法，深刻反思新中国建立后乡村建设经验、问题及困境，立足改革开放深入发展背景下乡村建设发展实际，形成关于乡村发展的重要思想。邓小平强调改革乡村生产关系，解放和发展乡村生产力，提出乡村经济"两次飞跃"理论，即实行家庭联产承包为主的责任制的第一个"飞跃"和发展适度规模经营、集体经济的第二个"飞跃"[③]。第一个"飞跃"协同联动基层群众，立足生产力状况、群众生产意愿，制定乡村政策，赋予农民自主生产经营权。第二个"飞跃"注重农业农村阶段性发展，立足生产关系，建立与农民意愿、市场规律及生产现状相匹配的新型农村集体经济。"两个飞跃"表明我国存在小农户的可能性合理性，改变原有缺陷的农业经营体制，实行农村集体经营。这是马克思"三农"理论中国化的成果。

3. 江泽民"三农"理论

江泽民深入贯彻马克思主义"三农"理论的基本思想、观点，总结改革开放初期乡村经济与社会发展经验，创造性提出解决"三农"问题的战略思想。江泽民指出，"农业是国民经济的基础，农村稳定是整个社会稳

---

① 毛泽东. 毛泽东选集：第4卷 [M]. 北京：人民出版社，1991：1427.
② 毛泽东. 毛泽东文集：第7卷 [M]. 北京：人民出版社，1999：310.
③ 邓小平. 邓小平文选：第3卷 [M]. 北京：人民出版社，1993：355.

定的基础，农民问题始终是我国革命建设改革的根本问题"①，突出农业现代化的重要性，要实现农业产业化经营，快速推进农业现代化进程，提出"要通过积极发展农业产业化经营来逐步实现农业现代化"②。在总结毛泽东、邓小平"三农"思想理论的基础上，立足新世纪国际、国内经济发展新情况和改革开放新形势，创新推动我国"三农"工作进入新发展阶段。江泽民的"三农"理论对推动农业农村实现现代化具有重要指导意义。

4. 胡锦涛"三农"思想

胡锦涛立足我国乡村发展的新特点，深刻总结乡村改革发展30年的成功经验，运用马克思主义"三农"理论分析乡村发展的目标任务及路径选择，形成关于乡村发展的重要思想。胡锦涛阐述了"三农"在国民经济与社会发展中的重要地位，提出"三农"问题是事关党和国家全局的"根本性问题"，是决定全面建设小康社会的"关键性问题"，要求将它放在党和国家工作"重中之重"的位置上③，强调必须坚持巩固农业的基础性地位，把推进农业现代化作为抓好农业的重点、将统筹协调城乡发展作为推进农村改革的目标，强调推进城乡经济与社会一体化发展，构建新型城乡关系，提出社会主义新农村建设伟大构想，做出我国已迈入工业反哺农业发展阶段的重要论断，为新时代我们党全面解决"三农"问题积累了丰富经验。

5. 习近平新时代中国特色社会主义"三农"思想

习近平以马克思主义"三农"理论为基础，深刻总结我国乡村改革发展的历史性经验，立足新时代乡村发展新情况，提出关于推进乡村发展的系列新思想、新战略、新观点。习近平指出，"全面建成小康社会最突出的短板是'三农'问题，只有实现农业农村优先发展，才能补齐短板、夯实基础，确保全面建成小康社会目标的如期实现"④，强调优先发展农业农村，持续深化乡村改革，促进乡村社会生产力高质量发展，重点推进精准扶贫和脱贫方略，实施乡村振兴战略，为促进"三农"现代化发展、破解全球乡村发展难题提供了中国智慧和中国方案。党的十八大以来，习近平

---

① 江泽民. 江泽民文选：第1卷 [M]. 北京：人民出版社，2006：258.

② 江泽民. 江泽民文选：第2卷 [M]. 北京：人民出版社，2006：24.

③ 胡锦涛. 胡锦涛文选：第2卷 [M]. 北京：人民出版社，2016：68，175，366，630.

④ 中共中央党史和文献研究院. 习近平关于"三农"工作论述摘编 [G]. 北京：中央文献出版社，2019：11.

总书记始终把解决好"三农"问题作为全党工作的重点和重心，提出关于乡村发展的系列观点，思想是习近平新时代中国特色社会主义思想不可或缺的重要组成部分，是21世纪的马克思主义"三农"思想。

二、乡村振兴战略的历史逻辑

（一）以土地改革为主题的乡村革命阶段（1921—1949年）

中国共产党一直很关注农业农村农民问题，把为人民谋幸福作为初心和使命，自1921年我们党成立之后就提出"将没收的土地分给贫苦农民使用"，在《中国共产党对于时局的主张》中提出"没收军阀和官僚土地，将田地分给贫苦农民"①。在国共第一次合作时期，我们党领导农民运动，首次提出反封建土地政纲，明确"党对农民的要求，应列为一种农民问题政纲，最终的目标是没收大地主、军阀、官僚、庙宇的田地交给农民"②。随后，我们党从大革命的失败中总结出一条教训：必须通过土地革命来解决农民最关注的土地问题。于是，为让农民获得耕种土地、免受地主剥削，我们党发动以土地革命为核心的乡村改造运动。中国共产党在1928年制定了我国历史上第一个土地法，也就是《井冈山土地法》，1929年发布《兴国土地法》，1947年颁布《中国土地法大纲》，这不仅促进了乡村生产力解放，助推了建立农业合作社，满足了广大农民对土地的需求，也开启了乡村土地改革的新篇章。总体而言，在这一时期，我们党的"三农"战略处于起步阶段。

（二）以走社会主义道路为主题的乡村建设阶段（1950—1977年）

新中国成立后，1950年颁布《中华人民共和国土地改革法》，明确提出"废除封建地主阶级剥削的土地所有制，实行农民土地所有制，借以解放农村生产力，发展农业生产"③。1953年，土地制度改革完成，封建地主土地所有制被彻底扫除，农业生产迅速发展，农民生活显著改善。自此，农业社会主义改造逐步完成，渐进式地通过初级社到高级社再到人民公社途径将土地收归集体所有，"让农民逐步完全摆脱贫困状况而取得共

---

① 中央档案馆.中共中央文件选集：第1册［G］.北京：中共中央党校出版社，1989：3.
② 中央档案馆.中共中央文件选集：第1册［G］.北京：中共中央党校出版社，1989：462.
③ 中央文献研究室.建国以来重要文献选编：第1册［G］.北京：中央文献出版社，1992：336.

同富裕和普遍繁荣的生活"①。1958 年，我们党开展农业技术改革，着力改善乡村的基础设施，普遍兴修水利，实施"农业八字宪法"。通过扫除文盲、消灭"四害"、消灭传染病、设立"赤脚医生"等方式强化乡村建设。"农业学大寨"运动，就是这一时期乡村建设实践最典型的样态。

（三）以破解"三农"难题为主题的乡村改革阶段（1978—2011 年）

1978 年，安徽小岗村率先实行分田到户、农业生产"大包干"，开启乡村建设初始模式"家庭联产承包责任制"。邓小平同志指出："农村政策放宽后，一些适宜搞包产到户的地方搞包产到户，效果很好，变化很快。"② 1983 年、1986 年的中央"一号文件"均明确提出"农业家庭联产承包责任制""落实政策，深入改革，改善农业生产条件，组织产前产后服务，推动农村经济持续稳定协调发展"③。此后，陆续出台中央"一号文件"，持续推动乡村经济体制改革，解放乡村生产力，增加农民的收入，基本解决吃饭问题。江泽民同志指出："我国基本国情决定抓住农村这个大头，就有把握经济社会发展全局的主动权。"④ 党的十五届三中全会要求建设"富裕、民主、文明的社会主义新农村"。进入 21 世纪，"三农"问题仍是制约我国经济与社会发展的薄弱环节。关注农村、关心农民、支持农业成为我们党和政府工作中的头号问题，是全面建设小康社会的重大任务。胡锦涛同志指出："实现城乡经济社会一体化发展，既是解决'三农'问题的重大战略，又是增强城市发展后劲的有效措施。"⑤ 基于对小康社会低水平、不平衡发展的精准把握，我们党决定实施西部大开发，确定 592 个扶贫开发重点县和 14.8 万个贫困村，出台一系列强农、惠农、富农政策，乡村社会经济得到全面发展。

（四）以破解发展不平衡不充分问题为主题的脱贫攻坚和乡村振兴战略实施阶段（2012 年至今）

党的十八大以来，党和国家把乡村扶贫开发摆放在全面建成小康社会及实现第一个百年奋斗目标的突出位置上，纳入"五位一体"总体布局和

---

① 中央文献研究室. 建国以来重要文献选编：第 4 册 [G]. 北京：中央文献出版社，1993：662.

② 邓小平. 邓小平文选：第 2 卷 [M]. 北京：人民出版社，2008：315.

③ 王兴国，徐光平，樊祥成. 惠农富农强农之策：改革开放以来涉农中央一号文件政策梳理与理论分析 [M]. 北京：人民出版社，2018：37.

④ 江泽民. 江泽民文选：第 2 卷 [M]. 北京：人民出版社，2006：207.

⑤ 胡锦涛. 胡锦涛文选：第 2 卷 [M]. 北京：人民出版社，2016：18.

"四个全面"战略布局，以"三农"领域为核心，全面打好脱贫攻坚战。2020年，现行标准下的9 899万乡村绝对贫困人口、832个贫困县、12.8万个贫困村全部脱贫摘帽，全面解决区域整体性贫困，脱贫攻坚战取得全面伟大胜利，为"实现全体人民的共同富裕奠定深厚基础"①。进入新时代以后，习近平总书记在总结和吸收毛泽东、邓小平、江泽民、胡锦涛关于"三农"思想及理论的基础上，立足世情国情农情，与时俱进地提出实施乡村振兴战略。在农业发展方面，以粮食安全为目标，坚持农地农用，强化科技在农业中的地位和作用，推进农业绿色化发展。在乡村发展方面，以乡村生产要素活力激发为动力，以改革土地制度及集体资产方式，再流动与配置乡村发展要素，构建城市和乡村相统一的要素市场。强化乡村组织建设，健全权力运行机制，保障村民各类权益，完善乡村治理体系。强化乡村基础性设施建设和公共性服务供给及能力。在村民发展方面，从持续提高村民收入水平、落实长效扶贫机制及村民特殊群体帮扶等方面主动回应村民诉求与期盼，为村民全面发展提供更高水平的保障措施。

三、乡村振兴战略的实践逻辑

（一）实现全体人民共同富裕之必需

当前，我国社会主义已经进入新时代，社会的主要矛盾已经转变为人民对美好生活需要和发展不平衡不充分之间的矛盾。从基本国情来看，最不平衡的发展是城市和乡村，最不充分的发展还是乡村。乡村振兴战略正是基于对这一客观问题的科学把握，正是为解决这一主要的矛盾和矛盾的主要方面而进行的精准施策和战略部署。当前，我国已全面建成小康社会，开启了实现第二个百年奋斗目标和建成中国特色现代化强国新征程，带领全体人民实现共同富裕，最艰巨最繁重的任务仍在乡村。我国拥有世界上最多的农村人口，如果不解决好这一部分人的发展问题，全体人民的共同富裕就不可能实现。习近平总书记在广西考察时指出："从整个国家来讲，实现了全面小康，接下来要走推进共同富裕、建设现代化的道路。在这条道路上，农村就是要推进乡村振兴，方方面面都还要芝麻开花节节

---

① 蒋永穆，谢强.扎实推动共同富裕：逻辑理路与实现路径 [J].经济纵横，2021（4）：15-24，2.

高。"① 因此，乡村振兴战略不仅是巩固提升脱贫攻坚成果、筑牢防范 1 亿人口返贫防线的关键举措，还是通过乡村经营制度完善、乡村生产力发展、城乡一体化融合发展，为乡村全面振兴发展提供制度前提、物质基础和必要条件，实现全国人民共同富裕的必然选择。

（二）应对社会主要矛盾转变之必要

党的十九大报告明确指出，"社会主要矛盾已经转化为人民日益增长的美好生活需要和不平衡不充分发展之间的矛盾"②"最大的不平衡表现在城乡之间的不平衡，最大的不充分表现在乡村社会发展的不充分"③。为应对已经发生变化的社会主要矛盾，我们党紧抓社会主要矛盾的主要方面，及时调整战略部署，将乡村振兴战略纳入国家发展整个战略体系。部署实施乡村振兴战略，既是应对新时代发生变化的社会主要矛盾的实然之举，也是全面建设社会主义现代化国家的应然之措。在社会主义现代化强国全面建成之前，我们要立足我国所处的历史阶段，对新时代中国特色社会主义的历史方位有新认识新判断，深刻体会历史起承转合的时代感。在社会主要矛盾的转化过程中，如何遵循新时代主要矛盾变化的新要求、回应人民群众的新期盼、吹响解决"三农"问题的新号角，都需要在深入实施乡村振兴战略的过程中找寻答案。

（三）实现中国式现代化之必然

与任何其他国家不同，我国拥有 14 亿多人口，单一的城市化路径解决不了全部人口的现代化问题。全国第七次人口普查结果显示：2020 年，我国城镇化率达 61%，乡村人口约为 5.46 亿。主要发达国家的经验和发展轨迹显示：边际效应接近零时，人口流动处于稳定和停滞状态。由此可知，一旦城镇化率超过 70%，边际效应将接近零，而此时我国仍有 4.2 亿人口在乡村④。乡村人口现代化问题是中国式现代化必须要面对和解决的客观问题。党的二十大报告明确指出，"要以中国式现代化全面推进中华民族伟大复兴"⑤。全面建成社会主义现代化国家最艰巨的任务、最深厚的

① 习近平在广西考察时强调：解放思想深化改革凝心聚力担当实干 建设新时代中国特色社会主义壮美广西［EB/OL］.http://dangshi.people.com.cn/n1/2021/0428/c436975-32090142.html.
② 习近平. 习近平谈治国理政：第 3 卷［M］. 北京：外文出版社，2020：9.
③ 习近平. 把乡村振兴战略作为新时代"三农"工作总抓手［J］. 求是，2019（11）：4-10.
④ 史乃聚，杨卓. 乡村振兴战略哲学思考［J］. 智库理论与实践，2020，5（1）：88-93.
⑤ 习近平. 高举中国特色社会主义伟大旗帜 为全面建设社会主义现代化国家而团结奋斗：在中国共产党第二十次全国代表大会上的报告［M］. 北京：人民出版社，2022.

基础、最大的潜力后劲都在乡村。乡村 4.2 亿人口的现代化是中国式现代化必不可少的组成部分，是事关中国式现代化全局及其成败的重大问题。实施乡村振兴战略既是直面这一重大现实问题的精准施策，又是破解这一客观问题的必然要求。

（四）实现民族优秀传统文化现代化之必须

平和、安静的乡村环境为人类孕育、成长、繁荣文明成果提供了适宜土壤，形成了一套独特的价值、情感、知识和伦理的精神文化系统[①]。然而，我国近代闭关锁国的政策割断了对外交流通道，阻滞了中华优秀文化的成长与发展。新中国成立之后，特别是随着 20 世纪 80 年代初期改革开放政策的实施，国家文化软实力和中华文化影响力大幅度提升，改革开放铸就的伟大改革开放精神，极大地丰富了民族精神内容，成为当代中国人民最鲜明的精神标识！40 多年来，我们实现了由封闭半封闭到全方位开放的历史转变，积极参与经济全球化进程，为推动人类共同发展做出了应有的贡献。实施乡村振兴战略的一个目的就是提升乡村生产力水平，改造乡土文化发展环境，深植乡土文化根脉、厚植乡村历史土壤、培植乡土文化基因，为深化文明交流互鉴，推动中华文明更好地走向世界创造条件。

第三节　乡村振兴战略的时代价值及实施要求

一、乡村振兴战略的时代价值[②]

（一）丰富马克思主义城市和乡村关系理论

马克思和恩格斯运用辩证唯物主义和历史唯物主义，批判并吸收空想社会主义关于城市和乡村关系的观点，揭示城市和乡村矛盾发展关系的演变规律，形成城市和乡村关系从分离走向对立迈向融合的马克思主义城市和乡村关系理论。马克思指出："随着生产力的发展，城市和乡村之间的对立将会消失，城市和乡村关系必然会从分离和对立走向融合。"[③] 党的十八大以来，我们党和国家在深刻把握我国城市和乡村关系演变脉络及现实

---

① 史乃聚，任俊华. 深刻把握乡村振兴战略的时代内涵 [J]. 人民论坛，2019（28）：72-73.

② 刘镇，周柏春. 乡村振兴战略的学理逻辑、核心旨趣与时代价值 [J]. 百色学院学报，2022，35（2）：99-104.

③ 马克思，恩格斯. 马克思恩格斯选集：第 1 卷 [M]. 北京：人民出版社，1995：68.

格局的基础上，提出乡村振兴战略。这一马克思主义中国化的最新理论成果，是对马克思主义城市和乡村关系理论的极大丰富。

1. 对城市和乡村关系的最新表达

城市和乡村关系是历史的产物，是人类社会的一种基本关系。我们党历来高度重视城市和乡村关系的发展。党的十六大报告明确提出，"要统筹城乡经济社会发展"①。党的十七大报告明确提出："要建立以工促农、以城带乡的长效机制，形成城乡经济社会发展一体化新格局。"② 党的十八大以来，我们党和国家将统筹城市和乡村发展、推进城市和乡村一体化发展作为解决"三农"问题的根本途径，创造性地提出了工农互促、城乡互补、协调发展、共同繁荣的新型城市和乡村关系构建途径。它既涵盖了马克思主义城市和乡村关系理论关于城市带动乡村、发挥城市工业对乡村农业的辐射作用等观点，又注重挖掘乡村内在潜力，高质量发展农业，协同城市和乡村发展，为有效破解城市和乡村发展不平衡不充分问题，同步推进市和乡村现代化指明了方向。

2. 提出城市和乡村融合的新发展理念

城市和乡村融合发展理念是我们党对城市和乡村发展关系的新认知、新境界。它是以乡村振兴、新型城镇化两个战略协同推进为抓手，以城市和乡村发展及其居民生活水平差距缩小为目标，以产权制度完善和要素市场配置为重点，破除体制与机制弊端，推动城市和乡村平等交换、自由流动要素及公共资源优化配置，加快构建工农互促、城乡互补、全面融合、共同繁荣的城市和乡村新关系。乡村振兴战略的提出与实施的目的，在于处理和重塑城市和乡村关系，走城市和乡村融合发展道路。基于此，国务院发布《关于建立健全城乡融合发展体制机制和政策体系的意见》，明确要求到21世纪中叶建成成熟定型的城乡融合发展体制机制，为进一步缩小城市和乡村差距、实现城市和乡村融合发展开辟新路。

3. 突出城乡发展动能的最新支撑

习近平总书记强调："农业现代化关键是农业科技现代化。要加强农

---

① 江泽民. 全面建设小康社会，开创中国特色社会主义事业新局面：在中国共产党第十六次全国代表大会上的报告 [J]. 求是，2002（22）：3-19.

② 胡锦涛. 高举中国特色社会主义伟大旗帜 为夺取全面建设小康社会新胜利而奋斗：在中国共产党第十七次全国代表大会上的报告 [J]. 求是，2007（21）：3-22.

业与科技融合、农业科技创新。"① 世界各国发展经验和实例表明：在农业农村现代化进程中，科技创新是促进农业发展方式转变、推动农业农村现代化的根本动力和源泉。农业农村部印发了《乡村振兴科技支撑行动实施方案》，要求强化科技与农业农村融合，加快构建农业农村科技创新体系。科技全面支撑乡村振兴行动方案的深入实施，推动科技创新和供给成果转化同时发力，持续提升科技支撑乡村环境、农业质量、村民发展的能力与水平，为乡村实现全面振兴、城市和乡村一体化发展培育了新的动能。

4. 强调城乡高质量发展的最新改革

2017 年底，习近平总书记在中央农村工作会议上首次提出乡村振兴的"七条道路"②，其中一条道路就是深化农业供给侧结构性改革，走质量兴农之路，这也是新时代深入实施乡村振兴战略的突破点。农业不进行供给侧结构性改革，乡村振兴战略就不可能顺利实现，就没有发展经济的支撑力。创造性提出农业供给侧结构性改革，是党和国家领导人深刻洞察国际国内形势变化、精准把握发展规律以及我国现阶段城市和乡村发展不平衡、农村发展不充分所做出的一项重大战略决策部署。它创新了农业经济发展新模式，调整了农业生产及经营结构，提高了农业产业供给的质量，为加快农业农村发展、补齐城市和乡村发展中乡村这一短板提供了新的路径。

（二）乡村建设行动的战略指导

《关于制定国民经济和社会发展第十四个五年规划和二〇三五年远景目标的建议》提出"实施乡村建设行动"。乡村振兴战略是党中央基于对现代化规律的认识以及对城市和乡村关系变化及其特征的科学把握，顺应广大农民对美好生活的追求及诉求，对"三农"工作做出的新决策新部署，既完善了城市和乡村要素双向流动、公共服务均等分配以及乡村污染防治机制，又促进了城市和乡村和谐发展，激发了农民潜在发展动力，提高了乡村内在价值，从多个方面为新时代深入实施乡村建设行动提供了战略指导和行动指南。

---

① 习近平在吉林考察时强调：坚持新发展理念 深入实施东北振兴战略 加快推动新时代吉林全面振兴全方位振兴［EB/OL］. https://baijiahao. baidu. com/s？ id =1673147983841624562&wfr =spider&for=pc.

② 习近平在 2017 年中央农村工作会议上发表重要讲话［EB/OL］. https://www. gov. cn/xinwen/2017-12/29/content_5251611. htm.

1. 建构以县域为切入点的城市和乡村融合发展新格局

长期以来，县域一直都是我国的行政主体，也是推动城市和乡村融合及乡村振兴发展的重要节点。作为乡村连接城市的重要纽带，县域同时具有城市性和农村性，既是乡村振兴的主战场，也是城市体系末梢节点承载地。作为城市与乡村的中间连接体，县域一头连接城市，一头服务乡村，涵盖县城、乡镇、村庄多个发展层次，是新发展阶段加快建构新型城市和乡村关系的重要战略举措的切入点。习近平总书记在 2020 年中央农村工作会议上强调："把县域作为城乡融合发展的重要切入点，推进空间布局、产业发展、基础设施等县域统筹。"① 为此，我们应把县域作为城市和乡村融合发展最为重要的环节，统筹县域公共服务、产业、基础设施发展，为城市和乡村要素相互通融创造条件，推动了"县城+乡镇+村庄"发展新格局形成，提升乡村建设整体水平和质量。

2. 坚持村庄规划编制先行

规划是高标准建设、高质量发展的前提和基础。乡村振兴战略要顺利、有效实施，就必须抓好规划这一个"牛鼻子"。乡村建设是乡村振兴战略全面实施的重要任务，村庄规划是乡村建设的重要基础和前提。村庄规划是习近平总书记关心关注的大事要事。党的十八大以来，习近平总书记多次强调"实施乡村振兴战略，要编制'多规合一'的实用性村庄规划"②。为此，我们应把科学编制乡村规划作为实施乡村建设行动的重要抓手，因地制宜，考虑土地资源、传统村落保护、道路交通、公共设施等资源配置，结合乡村地域分布、产业发展、村容村貌及风土人情等特点，科学合理布局乡村空间，防止盲拆和盲建。因地制宜，结合乡村发展实际情况，按照特色保护、搬迁撤并、城郊融合、聚集提升、整治改善等多种类别推进"多规合一"的实用性村庄建设秩序，科学高效地落实乡村建设行动。

3. 抓实乡村基本公共服务

习近平总书记 2020 年在湖南考察时强调："基层公共服务关键看实

---

① 习近平在 2020 年中央农村工作会议上发表重要讲话［EB/OL］.https://www.ccps.gov.cn/xtt/202203/t20220331_153487.shtml.

② 习近平在参加十三届全国人大二次会议河南代表团审议时的讲话［EB/OL］.https://www.henanrd.gov.cn/2019/08-23/10944.html.

效，要提高针对性。"① 同年底，习近平总书记在中央农村工作会议上明确指出："要实施乡村建设行动，继续把公共基础设施建设的重点放在农村，在推进城乡基本公共服务均等化上持续发力。"② 为此，我们应加快补齐乡村公共服务的短板，推进城市和乡村基本公共服务的均等化是有效实施乡村振兴战略的重要举措。在深入实施乡村振兴战略的大背景下，农民需要更高质量、更高效率、更加精准的公共服务供给。要"加强对农村公共服务财力投入和转移支付力度，推动城乡基本公共服务均等化"③，同时要对接广大村民需求，统筹供给，逐层递进，为城市和乡村公共服务差距缩小及公共服务一体化发展提供保障，有利于统筹优化配置资源，持续增强广大村民获得感和幸福感。

4. 注重保护乡村生态环境

习近平总书记指出："要持续开展农村人居环境整治行动，实现全国行政村环境整治全覆盖。"④ 乡村人居环境改善、生态宜居的现代乡村建设是深入实施乡村振兴战略的目标和任务。为此，生态环境部联合农业农村部、国家乡村振兴局等部门制定了《农业农村污染治理攻坚战行动方案（2021—2025 年）》，明确要求以治理乡村生活污水垃圾、整治黑臭水体、回收利用农膜及防治养殖污染等为重点，源头减量、利用资源、降碳减污和修复生态，持续推进乡村人居环境整治提升和农业面源污染防治。落实改厕、垃圾分类、污水处理等乡村建设及人居环境整治提升相关行动，为防止乡村生活环境的持续恶化提供行动引领，有利于推动乡村生态环境从干净整洁向美丽宜人升级，实现乡村建设可持续发展。

（三）破解城市和乡村关系症结的行动指南

我国城市和乡村关系经历了从"统筹发展"到"一体化发展"再到"融合发展"的三次飞跃，都是期待通过工业反哺农业、城市支持乡村来实现共同富裕。但现阶段乡村内在发展动力不足，农民自我发展能力较弱，城乡二元经济结构依然存在。党和国家领导人审时度势，及时做出乡村振兴的

---

① 习近平在湖南考察时强调：在推动高质量发展上闯出新路子，谱写新时代中国特色社会主义湖南新篇章[EB/OL].http://politics.people.com.cn/n1/2020/0919/c1024-31867484.html.

② 习近平在 2020 年中央农村工作会议上发表重要讲话［EB/OL].https://www.ccps.gov.cn/xtt/202203/t20220331_153487.shtml.

③ 胡志平.中国农村公共服务供给变迁的政治经济学：发展阶段与政府行为框架［J].学术月刊，2019，51（6）：53-63.

④ 习近平.习近平总书记在全国生态环境保护大会上的讲话［J].时事报告，2018（4）：1.

重大战略部署和安排，要求必须重塑城市和乡村关系，走城市和乡村融合发展之路，体现了新的城市和乡村关系定位、新的农业农村现代化模式、新的城市和乡村融合路径等，是对我国当前城市和乡村关系及其发展规律的理性认知，是解决我国城市和乡村二元化发展的科学研判，是推进城市和乡村融合发展的正确选择，是破解我国城市和乡村关系症结的行动指南。

1. 坚持农业农村优先发展

长期以来，受城市工业优先发展取向及城乡二元经济结构的影响，我国发展要素主要流向城市，乡村发展极不均衡。虽然我们始终坚持把"三农"摆放在重要位置，采取工业反哺农业、统筹城市和乡村发展等一系列措施，但"三农"问题仍然没有得到根本性解决。乡村振兴战略的提出，首次明确优先发展农业和农村，从根本上扭转优先发展工业城市的固定思维模式，重新优化调整配置资源，优先给乡村配置各类资源要素，调整农业农村结构，加快农业农村现代化。这不仅纠正了过去侧重以工业和城市发展为主导来解决城市和乡村矛盾的做法，更是对我国当前城市和乡村融合发展动态演进规律的科学认知和理性思考，为城市和乡村关系的重新定位提供了新的思路。

2. 坚持统筹推进

习近平总书记多次强调："要全面推进产业、人才、文化、生态、组织'五个振兴'，统筹部署、协同推进。"① 党的十九大报告把构建现代农业产业体系、生产体系、经营体系作为乡村振兴战略实施的重要内容，作为加快农业农村现代化建设的抓手和重点，统筹"五大"振兴，通过深化农村改革、整治生态环境、繁荣乡土文化、乡村治理等方式，不断满足广大农民对产业产品、精神文化及生态宜居等方面日益增长的多重需求，助力乡村产业兴旺、生态宜居、乡风文明、治理有效、生活富裕，为农业农村的现代化提供新的模式。

3. 坚持创新体制机制和政策机制

健全城市和乡村融合发展体制机制及政策体系是深入实施乡村振兴战略和加快农业农村现代化建设的制度保障。改革开放尤其是党的十八大以来，我国在统筹发展城市和乡村、建设新型城镇化方面成效尤为显著，但城市和乡村要素流动不畅、公共资源配置不均衡等问题依然突出，还没有

---

① 习近平在 2022 年中央农村工作会议上强调：锚定建设农业强国目标，切实抓好农业农村工作[EB/OL].https://www.12371.cn/2022/12/24/ARTI1671876176764975.shtml.

从根本上消除影响城市和乡村融合发展的体制机制与政策障碍。党的十九大报告要求建立健全城市和乡村融合发展体制机制和政策体系，协同发力构建富有中国特色的城市和乡村融合发展新模式，通过改革户籍制度、均匀供给城市和乡村各类资源、催生新产业新业态等政策创新，实现各种要素在城市和乡村之间自由平等流动和交换，推动城市和乡村、工农之间形成融合的程度更高及机制更健全的新格局，为实现城市和乡村融合发展提供了新的路径。

4. 坚持推进共同富裕

共同富裕是中国式现代化的本质属性及根本要求。《乡村振兴战略规划（2018—2022年）》指出："实施乡村振兴战略是实现全体人民共同富裕的必然选择。"[①] 乡村振兴战略是第一个百年奋斗目标实现后农村工作的总抓手，更是新阶段实现农民和农村共同富裕、最终实现全体人民共同富裕目标的必经之路和内在要求。通过纵向、横向融合产业，促进农业与科技、文化、教育、生态等领域和产业联系，提升农业产业价值链增值力及全要素生产率，促进农业增效增收、产业提质增效，为共同富裕夯筑经济基础。通过数字化乡村和文化建设，消除共同富裕数字鸿沟，夯实共同富裕文化基础，拉开乡村高质量发展新的序幕。

（四）为世界乡村建设贡献方案

习近平总书记明确指出："实施乡村振兴战略也是为全球解决乡村问题贡献中国智慧和中国方案。"[②] 当今世界乡村衰落导致的"乡村病"、贫民窟"城市病"是全球共同面临的挑战和亟待破解的难题。面对乡村在现代化进程中面临的困境与挑战，各国纷纷制定强有力的乡村发展政策及系列发展措施，但仍难以解决乡村发展落后的问题。乡村振兴战略是在吸收国外乡村建设实践经验的基础上提出来，在破解城市与乡村发展不平衡不充分、化解乡村经济建设与生态环境矛盾、加快城镇化建设等方面形成独特的方案，为全球各国特别是发展中国家解决乡村问题提供经验、智慧和方案。

---

① 中华人民共和国中央人民政府. 中共中央、国务院印发《乡村振兴战略规划（2018—2022年）》［EB/OL］.http://www.gov.cn/zhengce/2018-0/26content_5325534.htm.
② 习近平在2017年中央农村工作会议上发表重要讲话［EB/OL］.https://www.gov.cn/xinwen/2017-12/29/content_5251611.htm.

1. 为城市与乡村发展提供重要参考

国外为了解决城市与乡村发展失衡问题发起的乡村建设运动，如美国的"乡村发展计划"、加拿大的"新乡村建设运动"等，主要是通过发展乡村产业、乡村基础设施建设、政府引导和外部资金帮扶等解决城市与乡村发展失衡，但都没有从根本上扭转城市与乡村不平衡的问题。党的十九大提出的乡村振兴战略，对解决城市与乡村发展不平衡问题，提出了一系列综合性举措和方法。一是优先发展农业农村。更新理念，从本质和根源入手，扭转过去优先发展工业城市的偏向，注重优先发展农业和农村的战略性导向。二是构建城市和乡村融合发展体制机制。围绕城市和乡村要素流动深层次、结构性问题，加快人、地、钱等要素融合流动体制机制构建，推动城市和乡村经济融合发展。加快融合城市和乡村公共基础与社会保障，推动城市和乡村均等化发展。加快城市和乡村规划一体化发展，打破当前城市和乡村管理体制中不合时宜的规定和不合理的模式。加快衔接城市和乡村制度，推动城市更多更优质的资源流向乡村。三是注重发挥农民的主体性。通过户籍制度深入改革，乡村基本经营及土地"三权"分置制度持续完善，充分调动农民积极性。以"一懂两爱""三农"工作队伍的培育来巩固农民的主体地位，有效发挥其在实施乡村振兴战略中的主体作用，为全球特别是发展中国家有效解决工农城乡发展问题提供重要的参考。

2. 为乡村可持续发展提供重要借鉴

在加快农村现代化进程中，平衡乡村经济建设和生态环境的关系，实现乡村可持续发展，是一个不容忽视的问题。许多国家为推进工业化发展而牺牲了农村生态环境。如日本的"一村一品"运动，虽然在后期乡村建设中就环境问题提出了一系列举措，但其乡村生态环境仍然遭到了严重破坏。乡村振兴战略不仅注重发展农业、乡村经济及乡村治理，还注重建设乡村生态环境，将生态宜居作为实施乡村振兴战略的总体目标之一，坚持以绿色发展理念引领乡村高质量发展。一是以绿色发展理念为指引，加快发展乡村经济，推动农业生产模式由粗放型转向科技创新绿色化发展型，倡导低碳、绿色的生产理念，减少生态环境污染；制定乡村生态环境惩罚制度，建立健全乡村生态建设效果的评价体系与监督体系，减少生态环境破坏。二是摒弃"绿水青山"与"金山银山"对立的传统观念，将生态环境转化为乡村社会生产力，挖掘乡村丰富的自然生态资源与人文资源的独特优势生产力，推动乡村产业与自然生态的相互融合发展从"绿水青山"转化为"金山银山"，最终实现乡村经济与社会发展和生态环境的平衡，为其他国家尤其是发展中国家乡村建设可持续性发展提供重要借鉴。

二、乡村振兴战略的实施要求

（一）乡村振兴战略的实施原则

1. 合目的原则

合目的原则是实践的结果符合主体自身的价值需要以及利益追求。乡村振兴战略的实施必须遵循乡村生态环境改善、村民生产生活能力与水平提高、优秀传统文化有机更新这一根本主旨和价值追求，指引乡村各项事业高质量发展，确保乡村振兴战略有效有力落地实施。

2. 合规律原则

合规律原则是实践的指导必须符合客观规律，是对客观事物的一个真理性认识。乡村振兴战略的实施必须遵循城乡发展规律，走城乡融合、城乡一体、互促共进之路。遵循产业发展规律，加快农业供给侧结构性改革，促进乡村三次产业融合发展。遵循生态发展规律，坚持人与自然和谐共生，守住生态底线。

3. 合实际原则

合实际原则是发展与当地条件、资源禀赋、自然环境、地域文化等具有区域性特点的客观条件。我国乡村众多，各个乡村的资源禀赋、自然环境、区域文化各不相同，实施乡村振兴战略的途径和方法也不尽一致，没有固定的模式和样板，最有效的途径必定是准确分析把握各地乡村发展实际情况，立足这一实际，因时因势因地制定针对性强、可操作的实施方案。

4. 合发展原则

合发展原则是把握未来维度的战略实践，是现在与未来发展相统一的要求。实施乡村振兴战略是一个充满不可预见性、不确定性的繁杂系统，必须系统把握和认真研究人口、科技、文化、环境等领域未来发展动态和大势。所制定的实施方案预见性发展性可持续性越强，实现的可能性也就越大。

（二）乡村振兴战略的实施要求

1. 强化党对乡村振兴的统一领导

2017年，习近平总书记在中央农村工作会议上强调："办好农村的事情，实现乡村振兴，关键在党。"① 深入实施乡村振兴战略，必须强化对乡村振兴的领导，提高领导乡村振兴的能力与水平。制定乡村振兴责任制实施办法，建立党政领导班子及领导干部责任制，健全乡村振兴战略实施实绩考核制度。完善领导体制机制，强化党委"三农"工作牵头抓总、统筹协调等职能作用，把党管乡村的政治优势转化为全面振兴乡村的强大动力。坚持乡村振兴定点帮扶联系制，完善选派驻村第一书记和工作队机制。强化乡村基层党组织领导地位，突出其政治功能和组织功能，以抓党建促乡村振兴。加强"三农"工作干部队伍培养、管理和使用，加强对乡村基层党员、干部的激励与关怀。

2. 把握好改革、发展、稳定的关系

2020 年，习近平总书记在中央农村工作会议上指出："全面推进乡村振兴，要加快推进农村重点领域和关键环节改革。"② 乡村振兴战略的有效实施必须用好改革这一个重要法宝，在把握好改革、发展、稳定三者关系的基础上进行乡村改革。处理好土地问题事关国家稳定、农业发展、农民收入，是实施乡村改革的关键。土地改革事关农业安全、乡村稳定、农民生存，必须要理顺土地所有权、承包权和经营权三者之间的关系，构建各种权利与义务明确的体系，进一步激活乡村土地要素，防范土地倾向非农化。平衡发展与稳定关系，在守好土地集体所有底线的基础上，适度放开乡村的土地市场。以集体土地为产业发展资源，发展乡村集体经济。土地资源集体所有，集体做好经营，确保在保持底线情况下实现土地资源合理有效利用。

3. 构建实施乡村振兴战略政策体系

习近平总书记指出："全面实施乡村振兴战略的深度、广度、难度都不亚于脱贫攻坚，要完善政策体系。"③ 乡村振兴是一个系统性工程。实施乡村振兴战略必须要在全社会构建政策体系，即健全农业农村优先保障的财政政策，在财政方面优先向农业农村倾斜；健全激励与约束并重的金融支农政策，强化金融支农激励机制；建立以政策保险为基础、互助保险和

① 习近平在 2017 年中央农村工作会议上发表重要讲话［EB/OL］.https：//www.gov.cn/xinwen/2017-12/29/content_5251611. htm.

② 习近平在 2020 年中央农村工作会议上发表重要讲话［EB/OL］.https：//www.ccps.gov.cn/xtt/202203/t20220331_153487. shtml.

③ 习近平. 习近平谈治国理政：第4卷 ［M］. 北京：外文出版社，2022：139.

商业保险为补充以及功能互补有保障的农业保险政策；健全渠道多元制度保障的农民增收政策，完善农民增收的支持政策；健全市场化、多元化、可持续的生态保护补偿政策；健全以改革赋能为核心的乡村土地资源合理配置机制；健全乡村人才激励政策；健全政府扶持、市场运营、企业主体的乡村基础设施运营管护机制；健全乡村土地资源开发保护、多元农业农村优先发展考核评价等制度。

4. 有序推进乡村振兴

历史和实践反复证明，政策的实施要尊重经济与社会发展规律，不能脱离社会的现实，否则后果会很严重。习近平总书记强调："实施乡村振兴战略是一篇大文章，要统筹谋划，科学推进。"① 实施乡村振兴战略是一个长期的过程，它的深度、广度、难度不亚于脱贫攻坚，不能急于求成，避免因忽视经济与社会发展规律而造成资源与环境浪费。我国乡村发展不充分，各地乡村的经济发展实际、文化底蕴、生态环境各不同，乡村振兴战略的实施必须要尊重各地自身实际，选择合适的发展道路。要循序渐进，对标乡村振兴发展规划目标，分阶段制定任务与目标，总结好每一阶段实施情况，科学把握节奏，扎实有序推进乡村振兴。

---

① 习近平在参加十三届全国人大一次会议山东代表团审议时发表重要讲话[EB/OL].https://mp.weixin.qq.com/s/SRScqS6UIbzaOC4y-7sO2g.

第三章　地方高校"双创"教育与实施乡村振兴战略的耦合

地方高校"双创"教育是国家"双创"战略在乡村落地、助推乡村振兴战略有效实施的重要支撑，乡村振兴战略的全面实施为地方高校"双创"教育提供路径选择与发展空间，它们之间存在着一种必然的耦合关系。本章主要探究耦合理论、地方高校"双创"教育与实施乡村振兴战略的耦合机理、地方高校"双创"教育与实施乡村振兴战略的耦合关系。

第一节　耦合理论简述

一、耦合的内涵、特征及类型

（一）耦合的内涵

"耦合"一词是近年来被频繁使用的术语。在《汉语大词典》[①] 中，"耦"意为两个人在一起耕种，"合"意为聚集。它最初源自物理学的一个概念，是指两个及以上的电路元件输入与输出的紧密配合，通过相互影响和作用，让能量从一侧向另一侧传输的现象。简言之，就是"两个或者多个系统之间相互作用和相互影响的现象"[②]。目前，"耦合"这个术语被广泛应用在生态学、经济学和社会科学等领域。在生态学领域，强调的是系统或因子之间的一种深层次关系及其过程；在经济学领域，强调的是内外因素影响和推动下多行业所形成的稳定、持续发展的一种现象；在社会科

[①] 汉语大词典编辑委员会. 汉语大词典 [M]. 上海：汉语大词典出版社，1991：597.
[②] VEFIE L. The penguin directionary of physics [M]. Beijing：Foreign Language Press，1996：92-93.

学领域，强调的是两个及以上事物或系统组成要素发生信息或能量互动、转移、交换、传递、影响直至有机结合，产生 1+1>2 合力倍增效应①，其特征在于两个及以上系统相互影响和作用，逐渐从无序向有序转变。从相互影响的结果来划分，它可分为良性耦合和恶性耦合。在很多研究中，良性耦合又称"高水平耦合"，强调的是系统或系统内要素之间配合恰当、相互协调、互为正向影响，一方的发展有利于其他部分或整体的发展。恶性耦合又称"低水平耦合"，强调的是各子系统之间彼此掣肘、相互制约、互为负向影响。恩格斯在《路德维希·费尔巴哈和德国古典哲学的终结》中指出："一个伟大的基本思想——世界是过程的集合体而非既成的简单事物的集合体。"② 从这一个层面来说，耦合就是两个或两个以上系统的一个"集合体"。

（二）耦合的特征

耦合的关键在于打破原来系统的界限，解除原有的束缚，重新组合相关联要素，形成具有自组织结构、系统内各要素具有能动性的"活"的主体系统③，其特征主要有：一是各系统之间"相互独立"，但这种独立并不是绝对的独立。二是系统内的各子系统之间存在互相交流和联系。三是各子系统及其内部各要素之间存在相互影响和作用。美国学者维克（K. E. Weick）认为相互耦合的两个要素具有关联性、整体性、多样性和协调性等特征④。从机制和条件方面来说，多系统要实现耦合，需要具备以下几个方面的特征：一是关联性。相互耦合的两个系统不仅彼此互相关联，且其各子系统及各要素之间也存在不同程度的相互作用和影响。耦合的两个系统及其内部各要素之间的相互关联，形成耦合机制。反之，相互封闭、互不流通，就无法形成耦合机制。二是整体性。把发生耦合关系的子系统视为一个整体，从整体性、系统性的角度来探究系统内部的作用机制。耦合系统各要素彼此相互影响。它们按一定的运行规律重新排列组合，从而形成一个新的完整的体系，体现其整体性。三是多样性。参与耦合的各子系统要素以自主互联与信息流动为原则运行自组织，构成多元组合形式，

---

① 闫俊，张博文. 高校创新创业教育与乡村振兴战略实施的耦合关系探究 [J]. 开封大学学报，2021，35（2）：38-41.

② 恩格斯. 马克思恩格斯选集：第4卷 [M]. 北京：人民出版社，1995：244.

③ 杜志平，穆东. 基于功能耦合的供应链系统研究 [J]. 物流技术，2005（9）：15-118.

④ K E WEICK. Educational organizations as loosely coupled systems [J]. Administrative Science Quarterly，1976（21）：1-19.

从而形成多样相互作用关系，这是由元素之间的自然关联性决定的。四是协调性，即耦合系统中的各要素在冲破原来的体系之后，重新进行资源整合，形成优势互补、协调互助的一个循环系统。

（三）耦合的类型

按照不同的划分标准，耦合可以被分为不同类型。

从发展的方向来划分，它可被分为正、负耦合。正耦合是两个正面、积极向上发展的耦合系统。负耦合则是两个向下发展或一个向下发展、一个向上发展的耦合系统。

从发展的时间来划分，它可被分为静态、动态耦合。静态耦合是两个耦合的系统在某一时间点相互作用和影响的状态。动态耦合是指随着时间的变化而相互影响和作用的耦合状态。

从发展的性质来划分，它可被分为同质、异质耦合。同质耦合指的是一样性质的两个系统相互作用和影响的现象。异质耦合指的是性质不一样的两个系统相互作用和影响的现象。

从发展的影响力来划分，它可被分为同等、不同等耦合。同等耦合是两个耦合系统施加一样的影响与作用。不同等耦合是两个耦合系统施加不一样的影响与作用。

从经济管理应用来划分，它可被分为系统、松散耦合①。系统耦合是指两个及以上系统互相联系出现相同发展的趋势，对对方发展产生影响的一种关系。一般来说，它可通过人为因素来协调耦合关系、引导耦合方向，减少负面的影响、增加正面的影响，从而实现优势互补、协同发展。松散耦合是指系统内各要素既相互关联又相对独立，呈现出物理和逻辑上的一种分离状态。它适用于分析系统内部要素之间的作用及关系，化解内部矛盾。

耦合的两个系统具有不确定因素，当各系统之间互惠互利、协同促进时，就会呈现正向耦合的状态；当系统出现混乱无序，阻碍彼此发展时，就会出现负向耦合的状态。本书中的耦合，主要指的是高校"双创"教育与实施乡村振兴战略这两大系统中能够彼此影响、相互促进的部分。高校"双创"教育与实施乡村振兴战略以服务乡村振兴高质量发展、助推中国式现代化建设作为两者耦合的动力和纽带。它们是两个独立的系统，彼此之间的各子系统、要素相互作用决定其发展的关联性。因此，要最大限度

---

① 王玲玉. 区域科技创新与科学普及的耦合性分析 [D]. 合肥：安徽大学，2016.

地强化正向的耦合。

二、耦合理论介绍

耦合理论（coupling theory）源自物理学、电力学等自然科学领域，主要研究多系统及其内部多要素之间的相互作用和影响，如互相制约或互相促进的现象或规律。自 20 世纪以来，耦合理论逐渐成为人们研究的热点，被用来研究社会经济问题。美国学者维克（K. E. Weick）（1976）最早用耦合理论解释学校成员之间的耦合关系，并将它引入经济学，提出松散耦合理论，为解决社会经济诸多问题提供学理支撑。随后，耦合理论被广泛应用在经济管理学、生态系统学及计算机科学等社会科学领域。

在我国经济管理学领域方面，学者吴大进等（1990）出版的《协同学原理和应用》是耦合理论最早在我国经济管理学领域应用的主要代表。国外学者 John Hagel（2007）运用耦合理论探究国际经济环境与跨国公司耦合发展机制。郭峰（2006）认为产业集群与区域创新之间存在耦合的机制；刘勇（2011）提出产业耦合机制是实现产业集群与产业链之间的耦合；王燕（2012）从理论和实证两方面探讨了金融系统与区域经济系统间的耦合关系；童藤（2013）基于耦合视角探究了金融创新与科技创新的关系；王敏等（2013）探讨了大学生思想政治教育与校企合作教育的耦合作用；刘英基（2015）提出了优化高技术产业高端化与技术创新耦合关系的对策；王毅等（2015）探究了城市化与现代服务业的耦合及协调发展机制；石丽等（2015）研究了不同省域高新产业技术和高等教育发展耦合协调关系。汪高洁、王利（2015）研究了金融与区域经济耦合指标体系构建；王仁祥、杨曼（2015）从最优化视角论证科技创新与金融创新最佳耦合协调性。此外，还有叶树峰等人（2011）在《耦合经济》一书中提出以耦合为创新方法和手段来解决人类可持续发展问题。

在生态系统学领域方面，耦合是两个及以上系统、子系统及其各要素之间相互作用、演变发展的结果。耦合与相悖是一个问题的两个方面，它们在生态系统内的生态位、时间和空间三个维度同时产生作用。耦合表现为扩大系统生产和生态功能，相互依存、相互促进的关系。相悖表现为缩小系统生产和生态功能，互相干扰、互相破坏的关系。生态系统耦合本质上是生态系统从无序到有序、从局部到整体不断发展的一个过程。这一过程既包含系统各要素之间相互影响、互相促进的作用，也包含彼此约束、相互抑制的作用，体现系统各要素的良性互动共进。它更具有协同性、整体性，不仅是系统内各要素的互相联系，还包括磨合、协同、约束和限制。因此，从这一个角度来说，系统耦合是综合的全面的全新的升级。

在计算机科学领域方面，耦合是板块之间的相互关联。从耦合的视角探索模块独立性问题，以逆向思维研究多模块之间的相互联系，可分为独立、数据、控制、公共及内容等五类。独立耦合是没有直接联系、完全独立的两个模块，其唯一的联系点在于同属一个系统或模块。数据耦合是两个模块中一个模块输出数据、另一个模块输入数据，或一个模块调用另一个模块的参数，下层的模块及时把参数返还。控制耦合是两个模块调用、传递、控制参数的关系。公共耦合是多个模块存取操作同一数据区的关系。内容耦合则是一个模块直接访问或修改另一模块的内部代码或数据，是最高程度的耦合。

耦合理论以系统论、协同学和控制论等为基础，探究耦合的系统中各要素之间的协调、反馈与发展的机理机制，其原理主要是把两个及两个以上互相关联的系统，通过彼此之间的作用与影响联合起来，从而解决问题的一种方法理论[1]。简言之，就是通过各系统之间互相作用与影响、互相促进的关联来解决问题。它适用于研究系统内各因素之间相互作用的关系，既有利于强化各系统内部作用，又能促进系统之间的协调发展。

耦合理论的分析框架是构建指标体系、分析综合水平、评价耦合协调，涉及系统及其内部各要素之间的相互影响、制约、促进的关系，它既鲜明地表现系统之间的耦合关系，还能为其提供科学化、定量化测度方式。影响耦合的因素有彼此影响的强度和协同度，其中耦合度表示影响的强度，协调度表示影响的协同度。耦合度可以反映各系统之间相互关联和作用程度的大小。耦合度越高，系统之间相互作用的程度就会越强，系统之间的联系性就会越强，但无法证明它是互相促进还是互相抑制，因此要用综合发展的整体水平修正耦合度，最终得出耦合协调度[2]。协调度反映各系统水平及相互的作用和关系，表明协调的程度。协调度越高，表示系统之间的协调程度越高，系统之间更容易相互促进。

---

① 邱均平，刘国徽. 国内耦合分析方法研究现状与展望 [J]. 图书情报工作，2014，58 (7)：131-136，144.
② 张红凤，杨方腾，井钦磊. 公共文化服务与经济高质量发展：基于耦合协调度模型的政策启示 [J]. 经济与管理评论，2022，38 (2)：58-70.

地方高校"双创"教育与实施乡村振兴战略可以视为一定区域中彼此独立又密切关联的两个系统，因此也可以引入耦合理论来研究。在实施乡村振兴战略与推进过程中人才资源、科技支持等方面的不足，以及地方高校"双创"教育在此方面与其形成的互补性、共促性。它们彼此之间存在互为互促、相互作用的机制，可以适用耦合协调理论。一方面，地方高校"双创"教育与实施乡村振兴战略以有机的整体性协调融合矛盾，让它们整体上实现协同的目的，促进乡村全面振兴与发展；另一方面，这两大子系统之间要素相互渗透互相作用，可优化两者耦合后的系统结构与功能。

第二节　地方高校"双创"教育与实施乡村振兴战略的耦合机理概述

一、地方高校"双创"教育与实施乡村振兴战略的耦合动机

动机是激发和维持有机体的行动，并使行动导向某一目标的心理倾向或实现的内部驱动力①。地方高校"双创"教育与实施乡村振兴战略的耦合是促进乡村社会经济高质量发展、实现共同富裕的需要，两者相互影响、共同作用是诱发耦合的关键性因素。

（一）战略动因

党的二十大报告明确指出："全面建设社会主义现代化国家，最艰巨最繁重的任务仍然在农村。"② 全面建设社会主义现代化国家，重点任务还是在补齐农村这块短板。乡村振兴战略的实施，需要社会多元力量广泛参与。地方高校"双创"教育具有促进区域经济持续增长及提高核心竞争力、带动区域经济发展方式转变及结构调整、升级人力资源及积累人力资本等效应。地方高校"双创"教育与实施乡村振兴战略的耦合发展为地方政府制定新制度提供了理论及现实依据，新的制度又为地方高校"双创"教育高质量发展提供了新空间新机会。

（二）市场动因

我国高校毕业生数量在逐年增长。最新的统计数据显示，2022 年高校

---

① 林崇德，等. 心理学大辞典 [M]. 上海：上海教育出版社，2003：223.
② 习近平. 习近平著作选读：第 1 卷 [M]. 北京：人民出版社，2023：25.

毕业生 1 076 万人，2023 年高校毕业生 1 158 万人。大学生就业难题日益突出。要真正解决这一难题，就需要合理配置人力资源。地方高校"双创"教育是创新驱动发展战略深入实施、区域经济质效提升的需要，是推进毕业生更高质量创业就业的举措。地方高校"双创"教育与实施乡村振兴战略彼此互为"供给—需求"关系，两者的耦合发展有利于人力资源的合理配置。同时，乡村振兴战略的实施为地方高校"双创"教育提供了更大实践平台、更多创业机会；地方高校发展"双创"教育又助推了农业供给侧结构性改革，引导更多的高素质"双创"人才以及社会力量流向农业、走进乡村，全面融入和服务乡村振兴实践。

（三）问题动因

随着我国农业现代化、城乡一体化的快速发展，乡村劳动力持续外出打工，出现了很多"空心村"，乡村人才短缺、资金流失、土地撂荒现象较严重。目前，"空心村"已成为乡村社会发展中的一个热点和焦点问题。地方高校通过"双创"教育激发大学生返乡入乡投身"双创"实践，引导农民工等社会其他力量返乡入乡就业创业，推动人才下乡、资金下乡、技术下乡，实现"双创"资源向乡村地区集中，激活乡村经济与社会发展活力，以其转变经济发展方式以及调整经济结构、推动人力资源升级以及人力资本积累等经济与社会效益为导向，促进乡村三次产业融合，在振兴产业的同时推动乡村振兴教育、文明、生态、养老等方面发展。

二、地方高校"双创"教育与实施乡村振兴战略的耦合逻辑

（一）办好人民满意的教育与全体人民共同富裕彰显最终价值

办好人民满意的教育，就是让教育成果更加全面、更加公平地惠及广大人民群众，让他们享有更丰富、更直接、更实在的获得感，它的核心价值追求是全面提升教育教学质量，走教育高质量内涵式发展道路。在当前乡村人民群众追求美好生活愿望与日俱增的背景下，作为高素质"双创"人才培养、"双创"技能传承以及推动地方社会经济高质量发展的一种教育活动，地方高校"双创"教育能助推乡村振兴战略的有力实施、乡村的高质量发展以及村民追求幸福的生活。2021 年 8 月，中央财经委员会第十

次会议指出:"要促进农民农村共同富裕,全面推进乡村振兴。"①《关于制定国民经济和社会发展第十四个五年规划和二〇三五年远景目标的建议》明确了到2035年共同富裕取得实质性进展的奋斗目标。乡村振兴战略是促进乡村实现全面振兴发展、满足广大村民追求美好幸福生活愿望、全国人民实现共同富裕的重大战略性举措。地方高校高质量发展"双创"教育的目的是办好人民满意的高等教育,全面实施乡村振兴战略的目的是实现城乡人民的共同富裕。无论是地方高校"双创"教育的发展,还是乡村振兴战略的实施,两者的终极目的与价值都是满足广大人民群众对美好幸福生活的向往,都属于"美好生活"的本质内涵。

(二)加快产业结构升级与现代经济体系构建凸显一致性经济诉求

产业结构升级,就是产业结构从以第一产业为主转向以第二产业、第三产业为主。经济全球化背景下产业内部价值的升级,也被视为产业结构升级。当前,我国产业结构逐渐转向以科技、金融等为主的生产服务业,优质人力资源支撑着高新产业发展,产业结构升级对高水平科技创新人才的需求与日俱增。通过教育来培养优质的科技、创新型人力资源,促进产业结构升级是我国发展的重要策略。地方高校"双创"教育与地方产业发展联系密切,它可根据地方产业发展需求及时调整人才培养计划和方案,更有针对性地培养与乡村振兴和发展需求相匹配的"双创"人才,助推乡村产业发展。党的二十大报告指出:"要坚持以推动高质量发展为主题,加快建设现代化经济体系。"② 乡村振兴战略是现代化经济体系建设的基础与举措。当前乡村社会经济发展相对滞后、现代经济体系不够完善,是我国建设社会主义现代化国家的重点难点问题。乡村振兴战略是加快农村现代经济体系建设、推进农业农村现代化的重大举措。地方高校发展"双创"教育,为产业结构优化升级培养高素质科技"双创"人才,推动转换经济发展动力。乡村振兴战略以改变乡村的产业结构、增加村民收入、扩大消费需求等方式拉动乡村社会经济实现新发展,两者在经济诉求上具有一致性。

---

① 习近平主持召开中央财经委员会第十次会议 强调在高质量发展中促进共同富裕 统筹做好重大金融风险防范化解工作 [EB/OL]. https://www.gov.cn/xinwen/2021-08/17/content_5631780.htm.

② 习近平. 习近平著作选读:第1卷 [M]. 北京:人民出版社,2023:23-24.

（三）"双创"精神培育与优秀传统文化传承透视文化归一

党的二十大报告提出："要培育创新文化，营造创新氛围。"[1] 作为高素质"双创"人才的培育主体，地方高校"双创"教育在培育和传播"双创"精神中的作用极为重要。"双创"精神是我国优秀传统文化的精髓，它一直激励着社会各行各业人才积极进取、开拓创新。作为培育和传播"双创"精神的主要力量，地方高校"双创"教育在高质量发展过程中要树牢全面育人的理念，回归育人的本质，弘扬科学家精神，为培育创新文化、营造创新氛围奠定良好的基础。乡村传统文化是历代村民总结生产生活经验的总和，是揭示和反映乡村社会历史风貌、观念形态和思想内涵及行为方式的总和[2]。作为乡村振兴战略的重要内容，乡村文化振兴的使命在于传承优秀的传统文化，是乡村全面振兴与发展的重要支撑。地方高校"双创"教育以培育和传播"双创"精神为核心要义，体现我国"双创"文化从自觉到自信；乡村文化振兴的重点在于传承与创新优秀传统文化，体现我国优秀传统文化从自觉到自信。地方高校"双创"教育将传承"双创"精神内化自身发展，乡村振兴战略把传承乡村优秀传统文化纳入其中，是觉醒反思和理性审视我国优秀传统文化后的肯定与坚守，展露了它们从文化自觉到文化自信的价值心路。

三、地方高校"双创"教育与实施乡村振兴战略的耦合机理

"机理"（mechanism）一词起源于自然学科，后来被广泛应用到化学、医学以及社会学领域。它主要有两种含义：一是一定的系统结构中各要素的内在工作方式以及各要素在一定环境下相互联系、相互作用的运行规则和原理；二是事物变化的理由和道理。从这一角度来分析，它涵盖各事物形成的要素和形成要素之间的关系两个方面[3]。本书则更加倾向于第一种含义。基于对"耦合"与"机理"内涵的理解，我们可以看出，耦合是由两个及以上系统各要素之间经过相互影响和作用、制约渗透后协同发展或相反发展的行为，强调系统的耦合性作用；机理则强调系统形成耦合的目的、方式及过程。耦合机理就是两个或两个以上系统形成耦合关系的方式

---

① 习近平. 习近平著作选读：第1卷 [M]. 北京：人民出版社，2023：29.
② 张荣冠，龙先颐. 乡村传统文化的传承与振兴[J]. 贵州民族研究，2019，40（10）：83-88.
③ 王丹. 微博舆情全景生态及思想引领方略研究 [D]. 长春：吉林大学，2019.

和过程，以保证系统各要素之间良性互动、协调发展的整个过程和方式①。它明确系统耦合关系，调控这一关系形成过程，保证其耦合发展。地方高校"双创"教育与实施乡村振兴战略是不同的两个系统，但在耦合作用下形成有机复合的一个整体。因此，基于对"耦合""机理""耦合机理"内涵的理解，将地方高校"双创"教育与实施乡村振兴战略视为耦合的一个大系统，分别把它们内部的重要组成部分视为各子系统，对这些子系统之间相互影响和作用的内在运行逻辑与原理进行研究，就是本书所指的耦合机理。

（一）地方高校"双创"教育对实施乡村振兴战略的作用机理

1. 为实施乡村振兴战略储备人才

人才支撑是乡村实现全面振兴的关键，大学生恰好为乡村的振兴与发展提供了较好的人才支撑。大学生投身乡村"双创"实践这一举措的有效开展，能将一大批高素质专业人才带到乡村，不仅可以把乡村的人气聚集起来，还能将学到的"双创"知识和技能应用到乡村建设发展中，有效解决乡村人才严重短缺问题。投身乡村"双创"实践的大学生专业知识扎实、学习能力强、"双创"综合素养高，在校期间接受了系统的高等教育和先进的管理理念，积累了企业、团队和资金管理经验，具备使用先进产品和现代信息技术的能力，拥有在大城市求学经历，对城市经济与文化认识更为全面、理解更为深刻。他们在投身乡村过程中可将所学的专业技能、所积累的素质能力和先进经验转化为"双创"实践的动力与源泉，运用到乡村经济与社会发展中，以新的技术提高产业产品生产效率与质量，以新的理念改进产业产品营销方式，进而对周围农村居民的"双创"起到示范和带头作用，引领更多农村居民走上帮助家乡脱贫致富、促进乡村全面振兴的道路。同时，他们能因地制宜地结合乡村实际情况和自身实际能力，制定出科学可行的"双创"发展路径，在有效改善自身经济情况的同时，推动乡村经济高质量发展，助力乡村全面振兴。

2. 推动乡村产业转型升级

习近平总书记指出："产业振兴是乡村振兴的重中之重，要加快发展乡村产业，立足当地特色资源，推动乡村产业发展壮大。"② 加快乡村产业

---

① 向微. 贵州省新型城镇化与土地集约利用耦合机理研究 [D]. 重庆：重庆大学，2017.
② 习近平在2020年中央农村工作会议上发表重要讲话 [EB/OL]. https://www.ccps.gov.cn/xtt/202203/t20220331_153487.shtml.

转型升级是助推乡村全面振兴的关键环节，是农业农村现代化的内在要求。当前，乡村地区产业供需结构发展不平衡问题较为突出，非常有必要优化升级其产业结构。投身乡村"双创"实践的大学生，利用自身在学校期间学习到的专业知识和先进的经营管理理念、掌握到的创新经验与创业技能、积累到的城市生活经验和社会资本，配合敏锐的市场洞察力，积极创新乡村第二、三产业的发展思路，将其转化为推动乡村三次产业发展的生产力，助推乡村产业转型升级与发展。大学生扎根乡村，将先进的科学技术运用到农业生产中，积极推广新技术、开发新产品、建立新模式、构建新业态，促使乡村由体力劳动向脑力劳动转变，优化农业产业结构。同时他们在乡村投身"双创"实践过程中会优先选择自身熟悉的行业领域，可延长乡村产业结构、产业融合和产业链发展，让乡村三次产业呈现出协同发展的新局面，推动乡村产业升级发展，激发乡村新活力，健全乡村可持续发展模式。

3. 助推乡村社会治理改善

加快乡村治理现代化、促进乡村有效治理是乡村振兴战略深入实施的重要根基和保障。作为国家治理体系和治理能力现代化不可或缺的组成部分，乡村的有效治理及其完善程度将影响到乡村振兴战略目标的实现效果。作为社会有效治理的重要力量，大学生在投身乡村"双创"实践是完善乡村治理体系、提高乡村治理水平的重要抓手。大学生扎根乡村能够有效弥补乡村治理主体缺失、乡村治理专业人才缺乏等问题，以自身所积累的专业知识和现代管理技能协助乡村基层部门凝聚和服务村民，建立面向村民、解决实际问题的乡村利民服务体系，助推打造乡村社会善治新格局。大学生投身乡村"双创"实践的过程中能充分发挥自身的自治主体意识、政治素质、法治观念和参与精神，带领广大村民积极参与乡村社会治理事务，助推乡村治理体系、治理能力现代化发展。此外，他们根据自身利益的需要或者对公共事务的热情，为乡村事务及社会管理积极建言献策，可以改进乡村社会政治参与状况，尤其是在参与相关乡村事务管理过程中主动提出具有针对性的建议和合理意见，为同一行业或领域乡村"双创"实践者争取更多、更有利的政策环境支持，让基层自治和政府治理实现良性互动与有效衔接，助推乡村振兴又好又快发展。

（二）实施乡村振兴战略对地方高校"双创"教育的作用机理

1. 急需高素质"双创"人才

实施乡村振兴战略的关键因素在于人才。在国家全力推进实施乡村振兴战略的今天，对高素质专门人才特别是"双创"人才的需求比以往任何一个时候都更为迫切。乡村的振兴迫切需要一批"懂农业、爱农村、爱农民"的高素质专业人才来支撑。乡村振兴战略的有效实施迫切需要新型农业技术人才，迫切需要能够促进产业融合发展的专业型人才，迫切需要具有现代管理思想和"双创"技能的青年大学生投身乡村"双创"实践、参与乡村治理。为实现乡村振兴战略目标，党和国家结合实际先后制定了《关于推动返乡入乡创业高质量发展的意见》《关于深入实施农村创新创业带头人培育行动的意见》《关于推动创新创业高质量发展，打造"双创"升级版的意见》等相关政策与系列措施，对包括大学生在内的青年投身乡村创新实践与创业行为给予积极支持，建立科学平台，腾出巨大空间，为大学生投身乡村"双创"实践、投入中国式农业农村现代化建设提供良好发展环境。

2. 吸引大学生投身乡村"双创"实践

为全面实施乡村振兴战略，确保各项目标有效实现，党和国家尤为注重大学生投身乡村"双创"实践这一重大举措，还结合实际情况制定了《关于进一步做好返乡入乡创业工作的意见》《关于推动返乡入乡创业高质量发展的意见》等一系列扶持政策，通过发放"双创"补贴和社保补贴、减免"双创"场地费和税费、金融产品创新、"双创"担保贷款贴息落实等多种措施，加大乡村"双创"实践政策和资金倾斜与扶持力度，让每一位投身乡村"双创"的大学生享受到政策的红利。同时，还深化"放管服"，优化简化办事流程，优化"一站式"办理机构等服务平台，最大限度地为投身乡村"双创"实践的大学生提供便利。各地政府结合实际出台一系列扶持办法，释放更多更实用的政策红利。2021年《政府工作报告》提出："加快发展乡村产业，壮大县域经济，拓宽就业渠道。"① 这些政策红利必将激励大学生积极参与乡村"双创"实践活动，吸引他们投身乡村"双创"实践，积极参与乡村振兴和农业农村现代化建设。

① 李克强. 在十三届全国人民代表大会第四次会议上的工作报告[EB/OL]. http://www.gov.cn/zhuanti/ 2021lhzfgzbg/index.htm.

3. 提供乡村"双创"实践平台和项目

党的二十大报告指出，"坚持农业农村优先发展，扎实推动产业、人才、文化、生态、组织乡村振兴"①，足见优先发展农业农村、加快农业农村现代化建设的极端重要。自实施乡村振兴战略以来，国家和地方各级政府主动作为，积极为大学生参与乡村"双创"实践活动搭建多元化发展平台和提供实践项目。国家发展改革委等 19 个部门联合印发《关于推动返乡入乡创业高质量发展的意见》，明确要求打造一批影响力较强、三次产业融合发展的返乡入乡创业产业园、示范区（县），为大学生投身乡村"双创"实践提供坚实的项目和平台支撑。目前，国家正在大力扶持各地方政府成立"双创典型"乡村、乡村科技创新示范园区和创业实训基地，创建乡村"双创"典型县、乡村产业融合发展示范园。根据国家和各地政府部门对乡村振兴与发展的重视程度，可预测未来国家重大项目引进及其配套等各种资源和要素将向乡村重点倾斜，大量新兴的项目和产业会相继落户乡村。届时，乡村地区的产业链必然会更加延长、资金供给必然会更加到位、设备设施必然会更加完善。这不仅能为大学生投身乡村"双创"实践提供坚实保障和广阔平台，还能全面解除他们参与乡村"双创"实践的后顾之忧。

（三）地方高校"双创"教育与实施乡村振兴战略的耦合

1. 目标耦合

目标是对预期的结果的一种设想，是一种主观意识，具有维持各方面关系构成系统方向和核心的作用。地方高校"双创"教育是我国高等教育体系不可或缺的组成部分，既有高等教育的共性，又有自身独特的个性和特征。地方高校"双创"教育作为面向服务地方社会经济高质量发展，以培养高素质"双创"人才为核心的一种教育范式，扮演着传播新知识、催生乡村新产业新服务、建设乡村新文化、创新乡村治理及帮助个人发展与摆脱贫困的角色。它通过"双创"人才培养及"双创"技能培训，推动了农业现代化和乡村繁荣发展，这一间接功能与实施乡村振兴战略的愿景"不期而遇""不谋而合"。党的十九大报告提出"产业兴旺、生态宜居、乡风文明、治理有效、生活富裕"②的总体要求。宏伟目标的实现需要具备战略智慧，更有赖于知识、技术和人才作为"底气"。地方高校"双创"

① 习近平. 习近平著作选读：第1卷［M］. 北京：人民出版社，2023：25.
② 习近平. 习近平著作选读：第2卷［M］. 北京：人民出版社，2023：26.

教育作为"双创"知识、技术和人才供给的一个"集散地",是乡村振兴蓝图实现的重要支撑力量。此外,地方高校"双创"教育与乡村振兴战略的实施在目标和对象上具有共同的指向性。地方高校"双创"教育本质上是一项育人事业,它的主要目的在于培养学生创造思维、创新精神与创业能力,增强他们的社会责任感,服从和服务国家高质量发展大局。因此,地方高校"双创"教育与实施乡村振兴战略的目标群体具有交叉性,进一步增强了两者目标的耦合性。

2. 要素耦合

要素耦合即全要素耦合,是两个及以上的系统之间通过各种相互作用和影响而彼此相互依存的现象。它强调各系统及子系统的各要素之间存在相互影响、相互依存的一种动态关系。随着改革开放政策的实施,城市对乡村劳动力的吸纳明显增强,大量乡村劳动力涌入城市,乡村劳动力、技术、资本、管理等生产要素进一步流失。国家乡村振兴战略的实施,通过政策支持对要素流动实行牵引,促进资源向乡村地区倾斜,乡村发展自主能力逐步得到修复,但仍需依靠外部资源输入。习近平总书记寄语第三届中国"互联网+"大学生创新创业大赛"青年红色筑梦之旅"的大学生:"扎根中国大地了解国情民情,在创新创业中增长智慧才干"①,指引地方高校深化"双创"教育改革和发展方向,强化人才、科技、服务等要素向乡村流动。实施乡村振兴战略中最重要的因素是乡村所不具备的人才、技术、服务、管理等。地方高校"双创"教育以服务地方社会经济高质量发展、培养高素质"双创"人才为己任,也成为乡村振兴要素输入的重要外部补给主体。地方高校"双创"教育高质量发展的过程,本质上是它的教育、实践、服务功能扩张和实现的一个过程,必然会向外输出一大批"双创"人才、技术、服务等要素,在功能的实现过程中确立它的实践价值和社会地位。因此,乡村振兴战略的实施为地方高校"双创"教育要素功能的有效发挥提供了实践场域,地方高校"双创"教育功能实现的过程就是乡村发展要素对接的过程。

3. 功能耦合

功能是"具有一定文化特点的相互关联,是在特定事物的内外部联系

---

① 习近平总书记给第三届中国"互联网+"大学生创新创业大赛"青年红色筑梦之旅"的大学生的回信[EB/OL].https://www.gov.cn/xinwen/2017-08/16/content_5217973.htm.

中所表现出来的作用"①。耦合不仅"反映系统内各个要素之间的相互协调，还反映了彼此之间磨合、调控、约束等关联性"②。功能耦合是基于功能相互关联而形成的一种耦合状态，即两个不同系统以某一些联系而形成合力，让耦合效果事半功倍。地方高校"双创"教育具有人才培养、科学研究、社会服务功能，与乡村振兴战略的总体要求相契合。教育部印发的《高等学校乡村振兴科技创新行动计划》提出："使高校成为乡村振兴战略科技创新和成果供给的重要力量、高层次人才培养集聚的高地。"③ 可见，国家已从政策层面设计和规划了高校"双创"教育服务乡村振兴战略深入实施的"路线图"。地方高校"双创"教育为农业农村现代化培养大量高素质"双创"人才，正好契合乡村振兴对高素质人才的需求。农业农村现代化必然是知识密集型、技术密集型的领域，离不开科技人才的支持。地方高校"双创"教育为农业农村现代化提供技术支撑，既是"双创"教育的本质属性使然，也是地方高校办学特色和学科优势的必然。地方高校"双创"教育还具备服务乡村振兴的功能，表现为"双创"教育面向乡村经济与社会高质量发展的需求变革其功能体系，改善人才培养及其研究服务机制。作为与乡村发展有着重要联系的一种教育活动，"双创"教育在这种耦合关系中具有先天性优势。

4. 价值耦合

价值是客体能满足主体需要的效用关系，是客体属性和功能与主体需要之间的一种效用、效益或效应关系的哲学范畴④。价值耦合是两个不同的事物或系统在价值追求上的契合点。实现人们对包括经济、文化及教育在内的美好生活的向往，是地方高校"双创"教育与实施乡村振兴战略共同的价值追求。两者的价值契合点主要表现在：

一是经济价值契合。党的二十大报告指出："坚持把实现人民对美好生活的向往作为现代化建设的出发点和落脚点，着力促进全体人民共同富裕。"⑤ 经济高质量发展是满足广大人民群众追求美好生活的保障。地方高

① 张大友. 民族教育功能的失调与矫正 [J]. 长江师范学院学报，2010，26（3）：12-16.
② 谢地，李雪松. 新中国 70 年农村集体经济存在形式、载体形式、实现形式研究 [J]. 当代经济研究，2019（12）：32-41，113.
③ 教育部关于印发《高等学校乡村振兴科技创新行动计划（2018—2022 年）》的通知[EB/OL].https://www.gov.cn/xinwen/2019-01/04/content_5354819.htm? tdsourcetag=s_pcqq_aiomsg.
④ 王崇锋. 辩证唯物主义原理 [M]. 北京：人民出版社，1991：9.
⑤ 习近平. 习近平著作选读：第 1 卷 [M]. 北京：人民出版社，2023：19.

校"双创"教育与乡村振兴战略在经济目的上契合，均在于驱动经济持续增长内生动力，推动乡村地区经济与社会高质量发展，最终实现全体人民的共同富裕。随着科技、文化的飞速发展，科技要素在推动乡村产业结构转型升级中的功能和作用日渐凸显，但其在乡村农业科技投入、创新成果适应等方面的短板仍很明显。地方高校"双创"教育在助推乡村振兴战略深入实施的过程中能激发科技创新要素释放更多活力，融入乡村产业高质量发展，促进乡村产业结构转型升级，为乡村产业的兴旺赋能加速。这也是地方高校"双创"教育高质量发展在乡村经济价值中的体现。

二是文化价值契合。党的二十大报告强调："要传承中华优秀传统文化。"① 中华优秀传统文化是满足广大人民美好生活特别是精神生活需要的内在动力。集农耕文化、地域文化等于一体的乡土文化是我国传统文化中的地方性特色文化，也是优秀传统文化不可缺少的组成部分。地方高校"双创"教育蕴含强大的文化力量，不仅能教授"双创"知识与技能，还能培育传承乡土文化的主要力量，继承蕴含行为及道德规范等价值观念的优秀乡土文化基因，强化对有形优秀乡土文化以及乡土记忆的保护力、传承力。同时，通过"双创"教育，可以深度挖掘农耕文化、乡土民俗及传统手工技艺蕴含的优秀乡土文化资源及商机，有利于重塑村民的道德观与价值观。乡村文化贯穿乡村振兴与发展全过程。乡村振兴战略的深入实施能够促进乡村优秀传统文化繁荣发展。因此，两者的契合点也在于能够共同促进中华优秀传统文化的传承与发展。

三是教育宗旨契合。高素质人才是实现美好生活的保障。地方高校"双创"教育赋能乡村，最主要的是解决乡村振兴发展过程中人才供应短缺的现实难题。作为高等教育体系不可缺少的组成部分，地方高校"双创"教育肩负着为深入实施乡村振兴战略培养一大批高质量、应用型"双创"人才的使命，有责任培养适应和引领中国式农业农村现代化所需要的新型人才。自改革开放以来，我国城镇化快速发展，乡村人口流失严重，乡村人口老龄化程度加深，乡村"空心化"问题更加显现。地方高校高质量发展"双创"教育，能够有效培育和吸引更多的大学生返乡入乡创业与就业，激发乡村农业活力。培育"爱农业、懂技术、善经营"的新型农民是深入实施乡村振兴战略的现实需要，也是我国新农村建设的内在需求。

---

① 习近平. 习近平著作选读: 第 1 卷 [M]. 北京: 人民出版社, 2023: 36.

因此，两者的教育宗旨相通，为培养和塑造应用性更强的高素质"双创"人才，满足实现美好生活对人才发展的迫切需要提供了对接的路径。

四是生态价值契合。实施乡村振兴战略的落脚点是改善人与自然的关系即乡村生态振兴。乡村生态振兴的关键在于人才，技术是实现生态振兴的手段。人才与技术这两大要素的协同，有利于地方高校"双创"教育与实施乡村振兴战略协同发展。地方高校通过高质量发展"双创"教育培育绿色"双创"人才，可有效应对乡村生态振兴在治理生活垃圾、生活污水、土地污染等方面问题并从中找到商机。地方高校"双创"教育在绿色技术服务、技术创新等平台建设方面的优势尤为明显，它能运用绿色技术分析不同乡村发展态势，优化重组生态农业、绿色农产品加工等技术，引导广大村民成为既有乡村情怀又有新发展理念的"田秀才""土专家"。因此，地方高校"双创"教育与实施乡村振兴战略在生态价值上具有耦合点，都可以为推动人与生态和谐共生，促进乡村绿色发展贡献力量。

第三节　地方高校"双创"教育与实施乡村振兴战略的耦合关系概述

一、地方高校"双创"教育与实施乡村振兴战略的耦合特征

特征是用来描述概念的，是某一事物区别于其他事物的主要标志，也是人们认识不同事物的重要依据。特征分为一般特征和本质特征。一般特征是认识事物的标志，本质特征则是认识事物的依据。地方高校"双创"教育与实施乡村振兴战略是两个系统性工程，它们原本属于不同的两个系统，在耦合机制的作用下，两者形成一个复合有机体。两者的耦合具有区别于其他事物的明显特征。

（一）系统性特征

系统性是"以自然关联和信息之间的自由流动为原则，通过不同要素与其相连接，从内部融合形成的有机整体"①。地方高校"双创"教育发展与实施乡村振兴战略过程复杂，耦合过程中的方式及路径不同，且在各要

---

① 张俊杰. 民族传统体育与学校教育耦合发展机理及路径研究［D］. 兰州：西北师范大学，2022：26.

素相互作用和影响下构成复杂的网络系统。它们的耦合系统性特征也反映了两者之间的整体关系。因此，在具体的实践过程中不能做简单的叠加，要将各子系统之间用不同的耦合形式紧密联系在一起，最终实现两者的最优耦合，体现出正向耦合的系统性特征。

（二）整体性特征

整体性是"整合自身内部各个要素的高级系统，系统和系统之间互相联系、互相依存，共同构成一个完整、统一的整体"①。地方高校"双创"教育与实施乡村振兴战略亦是如此，它们共同组成了一个复杂的耦合系统，其内部存在着体制、协同、反馈、评价、管理等多种机制。同时在耦合过程中其子系统又发生相互联系和作用关系，进行有序排列，各要素总和小于其结果功效，体现整体性特征。因此，地方高校"双创"教育与实施乡村振兴战略耦合要互相渗透、融合，形成一个有机的复合体，让各子系统及要素之间表现出关联性，并处于有机联系状态。地方高校"双创"教育在这一整体中借助实施乡村振兴战略推动自身改革与发展，乡村振兴战略又借助地方高校"双创"教育推动实施，呈现两者相互作用、相互促进的关系。

（三）关联性特征

关联是"两个或两个以上的事物之间相互联系、相互关联的逻辑关系。如果一方发生变化，另一方也会随之发生变化。但这种变化可以通过控制来改变它的刺激条件，让相关联的事物朝着积极的方向变化和发展"②。耦合系统中的系统、子系统及要素之间相互关联，处于一个流动的开放状态。地方高校"双创"教育与实施乡村振兴战略的耦合过程存在必然的关联性。因此，把握地方高校"双创"教育与实施乡村振兴战略的关联性逻辑，通过控制外部环境，让它们朝着正面方向发展，促进它们深度耦合。

（四）自组织性特征

自组织理论是指诸多要素按一定方式交互联结的系统，从某一个体系

---

① 张俊杰. 民族传统体育与学校教育耦合发展机理及路径研究［D］. 兰州：西北师范大学，2022：27.

② 张俊杰. 民族传统体育与学校教育耦合发展机理及路径研究［D］. 兰州：西北师范大学，2022：27.

内部的有序结构或该系统结构产生的过程演化中发展起来的一种系统理论①。在系统理论中，自组织是指在特定的系统内部机制的作用下，从简单、混乱走向复杂、有序的演化过程。地方高校"双创"教育与实施乡村振兴战略的耦合是在各要素上两大系统特定的有机整体，是以目标、要素、价值以及功能等诸多耦合共同组成的一个复杂的系统。因此，地方高校"双创"教育与实施乡村振兴战略的耦合发展是两大系统在实施"众创"和"乡村振兴"双重战略背景下构成的耦合系统自组织活动。

二、地方高校"双创"教育与实施乡村振兴战略耦合的价值指向

党的二十大报告指出："培养什么人、怎样培养人、为谁培养人是教育的根本问题。"② 地方高校"双创"教育与实施乡村振兴战略耦合的核心在"人"，同样也围绕着这一根本问题展开。分析这一根本问题涉及价值指向问题，是探究地方高校"双创"教育与实施乡村振兴战略耦合关系的前提。

（一）地方高校"双创"教育与实施乡村振兴战略耦合的价值取向

地方高校"双创"教育与实施乡村振兴战略耦合的价值取向主要诠释"培养什么人"的问题。马克思批判传统"抽象的人"，引出"现实的人"并将其定义为"从事社会生产实践且可通过实践观察的具体的人"③。它突出特定环境下人的发展过程，强调人的客观性。马克思认为："人来自大自然，要不断反思自身特征和表现，这折射出人作为存在物的复杂性质。"④ 人自然而然地具备持续发展的生物性形态，而这一特性以潜能为手段予以我们相应能力，这些能力需要借助一定的知识与技能才能被有效地激活。地方高校通过发展"双创"教育来培养高素质"双创"人才是学习与掌握知识技能、维持生物特性的主要手段。马克思认为："人作为一定的个体，必然以某一种方式进行实践活动，这种实践活动就是社会生产。"⑤ 人自然而然地具备生产性形态。地方高校通过发展"双创"教育来培养高素质"双创"人才就是将人的知识与技能嵌入生产实践的一个过

---

① 张俊杰. 民族传统体育与学校教育耦合发展机理及路径研究 [D]. 兰州：西北师范大学，2022：27.

② 习近平. 习近平著作选读：第1卷 [M]. 北京：人民出版社，2023：28.

③ 马克思，恩格斯. 马克思恩格斯文集：第1卷 [M]. 北京：人民出版社，2009：525.

④ 马克思，恩格斯. 马克思恩格斯文集：第1卷 [M]. 北京：人民出版社，2009：534.

⑤ 马克思，恩格斯. 马克思恩格斯文集：第1卷 [M]. 北京：人民出版社，2009：523-524.

程。马克思指出："当人开始思考理论、哲学和社会时，便产生真正的意识，人的精神性就由此而来。"[①] 人自然而然地具备精神性形态。地方高校通过发展"双创"教育培养高素质"双创"人才既是传授"双创"知识与技能的活动，又是培育、传播"双创"精神的过程。乡村振兴战略的实施需传承和发展乡村优秀文化，最大化凸显人的精神性。地方高校"双创"教育以"现实的人"为价值起点，培养高素质的"双创"人才，促进人的全面发展。在这一过程中，人具备的生物性形态、生产性形态、精神性形态，为地方高校"双创"教育与乡村振兴战略耦合提供了重要的理论基础。

（二）地方高校"双创"教育与实施乡村振兴战略耦合的价值功能

地方高校"双创"教育与实施乡村振兴战略的耦合涉及"怎样培养人"的问题，而问题的核心在于如何发挥好"双创"教育的价值功能与作用。地方高校培养高素质"双创"人才就是要通过高质量发展"双创"教育，促进地方经济与社会发展，最终实现人的自我价值，让人才培养更加体现本土性、民族性。地方高校"双创"教育与乡村振兴战略的耦合，既要把本土性、民族性融入"双创"人才培养的育人功能和社会功能之中，还要在本土性、民族性不断彰显基础上持续完善这些功能。地方高校培养"双创"人才的本土性功能，以面向和服务本地区社会与经济高质量发展为导向，以"双创"特色学科专业设置、知识教授及技能培训等为依托，培养高素质的"双创"人才。这就要求地方高校的"双创"教育要根据本地的具体实际情况，有针对性地提出人才培养方案。具体来说，就是要通过产业结构升级推动乡村特色产业实现可用化，促进广大乡村自力更生发展生产，为乡村振兴战略的实施创造良好的条件。地方高校培养"双创"人才的民族性功能，应立足人才培养的本质与需求，将民族文化融入"双创"教育及其人才培养全过程的各方面，引领大学生继承和发展民族优秀传统文化，充分发挥民族文化育人、人文兴产功能。要依托民族优秀传统文化，注重强化大学生特别是乡村大学生主角意识教育，消除他们对出身与乡土文化的自卑感，重塑民族文化特别是乡村传统文化自信。要充分发挥民族地区独特的文化资源，将其转化为培养"双创"人才的文化内核与精神源泉，助推乡村全面振兴。

---

① 马克思，恩格斯. 马克思恩格斯文集：第 1 卷［M］. 北京：人民出版社，2009：534.

（三）地方高校"双创"教育与实施乡村振兴战略耦合的价值实践

地方高校"双创"教育与实施乡村振兴战略的耦合具有天然的实践面向，可从实践目标、过程和成果三个维度凸显其实践性。一是构建个人发展与社会发展的实践目标。个人的发展强调"双创"教育要回归育人成才、服务乡村振兴发展的本体性价值，通过提供"双创"知识、技能及情感和态度等方面支持，满足个体适应乡村社会发展的需要。基于此，从个人的价值推延伸到群体的价值，培养新时代的新型农民，需要优化乡村人力资源的结构及其形态，强化对乡村振兴战略实施的智力支持。社会的发展需要地方高校在"双创"人才教育与培养上满足乡村未来经济转型发展的需求。只有打破单纯以市场为主的就业生态导向，才能保障乡村本土性及区域化，进行适应性教学和多元化管理，打造集"双创"人才培养、产业生态及人文厚植于一体的乡村振兴战略实施路径。二是遵循内在的联动与外在的求同实践过程。内在的联动强调地方高校"双创"人才教育及培养与乡村振兴战略耦合在职能上的整体协调、层次上的同频共振、要素上的和谐互补。外在的求同则强调政府、企业、高校和各村级组织在"双创"人才教育及培养上以产学一体、校企合作思路共同治理、资源共享、互利共赢。三是实现从完善的服务到自主的创新实践成果，运用"双创"人才教育及培养的学理支持，重点关注乡村经济落后背后的技能缺乏、精神贫乏和文化缺失，通过地方高校"双创"知识技能及资源引领乡村产业转型升级，构建乡村三次产业融合发展新格局，增强乡村振兴内生动力。

三、地方高校"双创"教育与实施乡村振兴战略的耦合关系

耦合关系是两个及以上事物之间存在相互作用和影响的一种关系。在本书中的"耦合关系"指的是两个及以上系统及各要素之间在耦合的作用下发生相互依赖、促进、协调的关系，可分为耦合协调和耦合不协调两类关系。耦合协调关系是指两个或两个以上系统之间有效协调和彼此相互适应，达到和谐稳定、协同发展的效果。耦合不协调关系是指两个或两个以上系统之间相互干扰、破坏发展，导致系统不能协调同步发展，阻碍其耦合协同发展。伴随着对耦合关系认识的深化，人们将其延伸应用到一些事物彼此之间关系的相互影响研究之中，发现了耦合效应。所谓耦合效应，指的是两个及以上系统通过彼此之间的关联形成两个或多个相互作用、互相促进的更大的系统的现象。本书中的"耦合效应"主要针对地方高校

"双创"教育与实施乡村振兴战略之间的耦合关系，即地方高校"双创"教育为实施乡村振兴战略提供人才、技术、技能等方面支持，乡村振兴战略的实施为地方高校"双创"教育发展拓宽实践空间，并反作用于乡村振兴建设，两者形成良性循环。因此，同时从两者角度来看，地方高校"双创"教育与实施乡村振兴战略之间存在很强的耦合关系，进而构成相互关联、推动的一个有机整体。马克思主义唯物辩证法强调要以普遍联系的观点去认识和解决问题。基于地方高校"双创"教育与实施乡村振兴战略在目标、要素、功能及价值等方面的耦合，可以发现地方高校"双创"教育是国家"双创"政策在乡村落地落实、助推全面实施乡村振兴战略的重要支撑，乡村振兴战略的实施又为地方高校"双创"教育提供路径选择与发展空间，两者存在一种相互促进、共同发展的耦合关系。

（一）地方高校"双创"教育发展为实施乡村振兴战略赋能增量

地方高校"双创"教育与实施乡村振兴战略的耦合，从根本上来说是要以"人"作为媒介，通过人的全面发展来助推乡村振兴战略的有效实施。乡村振兴战略是一项涉及经济、政治、文化、生态等多方面的系统性工程，它服务于人并依托于人，通过"人的发展"这一纽带，与地方高校"双创"教育紧密联系。

1. 地方高校"双创"教育是培养乡村新型农民的前提条件

长期以来，我国大力发展乡村教育，积极培养能够融入和适应现代城市文明的乡村人才。这在一定程度上导致乡村人口虽掌握现代知识与技能，但并不愿意为乡村社会发展服务，从而加剧了乡村人才的消失，形成乡村人才匮乏的局面①。乡村振兴战略实施的根本在于人才，没有高素质、本土化的人才，乡村振兴战略便无从有效实施。因此，乡村人才除了具备精湛的专业技能外，还要拥有扎根乡村的坚定信念。高校培养的人才只有同时兼备专业化与本土化，乡村振兴战略才有可能有效实施。实施乡村振兴战略意味着高校培养的人才要倾向"为农"，突出乡村振兴发展对人才培养的需求，要求高校教育要发挥好服务乡村社会的功能。地方高校通过"双创"教育所培养出来的人才，既具有掌握"双创"知识技能、获得社会生存的发展需要，又具有面向乡村、扎根基层满足发展需要的主动行为。可见，地方高校"双创"教育与乡村振兴战略的实施具有高度契合

---

① 盛洪. 外部性问题和制度创新 [J]. 管理世界，1995（2）：195-201.

性。在人才的专业化培养上，高校培养的"双创"人才是形成新时代新型农民的内在源泉。乡村振兴战略的实施对地方高校"双创"教育提出了更高要求，其所需要的人才从应用到创新、从"单一技能"到"综合多能"的升级转变，正契合了乡村新型职业农民培养的题中要义。在人才的本土化培养上，"双创"人才在乡村扎根有利于人才本土化发展新格局重构，因此迫切需要推动"双创"人才留村驻乡。特别是当前城市"虹吸效应"持续升温，人才"离农"现象日趋严重，对乡村振兴战略的实施极为不利。解决这一问题的关键在于把人才留住。而通过地方高校"双创"教育大力培养本土化的新型职业农民，才能让人才真正"留得下""守得住"。

2. 地方高校"双创"教育是发展乡村产业的关键手段

乡村产业的振兴与发展主要靠人的实践来推动。通过人的实践来改造客观世界，体现地方高校"双创"教育必备的复杂性和实践性。从复杂性来讲，地方高校"双创"教育必备乡村振兴战略实施人才所需的自我实现功能，它是不同时代背景下反映出来的一个复杂的综合体。以"爱农业、懂技术、善经营"新型农民为代表的乡村人才在实践上不再是重复性劳动，而是兼具专业和技术的复杂性劳动。从实践性来讲，地方高校"双创"教育必须面向乡村产业发展实际情况，有效推动相关产业集群形成，保证延长和增值乡村产业链，为现代乡村产业的发展提供智力支撑。同时，乡村产业的振兴必须通过驱动资源和创新两大要素来实现。地方高校"双创"教育必须重视人在生产实践中的复杂性，为乡村经济、文化以及生态产业升级提供人才支持。作为集知识、技能、文化、资源等要素于一体的一种人力资本，"双创"人才能作为纽带把"双创"教育与乡村振兴紧密地连接起来，推动产教深度耦合发展，将乡村人、财、物及技术等资源汇聚起来，推动全方位振兴与发展。此外，通过"双创"教育发挥"双创"人才培养在创新性上的先天优势来发展乡村新产业新业态，在推动乡村产业转型升级的过程中建立产业新格局。通过"双创"教育激活人才的实践性、创造性，推动人才以新技术手段解决问题，以"互联网+"的思维创新推动乡村三次产业融合发展，催生乡村特色化绿色化新兴产业样态，实现乡村产业全面振兴。

3. 地方高校"双创"教育是建设乡村文化的内在动力

作为塑造和弘扬乡村文化的一项系统性工程，乡村文化振兴是传承民族优秀文化、树立文明乡风及积累乡村文化资本的重点，它以人为主体、载体，彰显人有意识的"精神性"。当前，乡村的文化氛围尚未满足乡村文化振兴需求，一些欠发达地区乡村生活文化环境相对恶劣，传统意义上的乡村文化环境和生产生活方式在城市化进程中遭到颠覆，塑造乡村新文明风尚的精神动力不足，甚至出现乡村文化氛围失衡情况。因此，保障乡村人口保持浓郁的乡土情怀、习得丰富的科学文化知识以及掌握基本的谋生技能，成为当前乡村文化振兴的内在必然要求。地方高校"双创"教育可以符合这一要求。优秀传统文化是乡村文化振兴的重要精神体现，它能在实践中进一步传承和弘扬民族文化，充分展现民族的社会共识和生活样态。地方高校"双创"教育与实施乡村振兴战略的耦合可以推动乡村的优秀传统文化的时代价值和时代精神重构，从而创造出更多更加优秀的乡村新文化。同时，作为乡村人口的精神载体，乡村优秀传统文化又能引领乡风文明新风尚。地方高校"双创"教育与实施乡村振兴战略的耦合以价值观、伦理观形式传承乡村社会生活中的道德力量，促进乡风文明建设，助推乡村文化振兴发展。

4. 地方高校"双创"教育是保护乡村生态环境的重要途径

乡村生态振兴的核心是重新塑造人的伦理性，是人与自然关系重新构建的关键步骤。地方高校"双创"教育与实施乡村振兴战略的耦合为乡村振兴与发展奠定了"生态立场"。地方高校"双创"教育赋能乡村振兴发展表现出一种"农创关系"，这就决定了人的价值立场不再是判断人与自然关系的唯一标准，而是共同探寻满足人和自然双方相互认可与尊重的价值规律，揭示出人与自然、技术与环境、教育与生态的相互依存关系。地方高校"双创"教育与实施乡村振兴战略的耦合，明确了乡村振兴与发展的"生态坐标"。乡村生态的振兴既要构建山清水秀和宜居宜人的生态环境，更要具备可持续发展的生态文明理念。地方高校"双创"教育要立足"三农"、融合"农科教"，构建一个持续发展人才、接续利用资源以及环保技术创新的有机生态系统，实现人与自然生态的和谐共生。地方高校"双创"教育与实施乡村振兴战略的耦合提供了振兴乡村的"生态智慧"。"绿水青山就是金山银山"的实现需要以人的道德性伦理性作为支撑。地方高校"双创"教育助力乡村生态振兴发展的目的在于将人引入自然土壤、植根乡村生态，与自然构成共同体，推动人与自然共生，形成"天人合一"的生态智慧。

5. 地方高校"双创"教育是完善乡村组织机构的基础保障

作为乡村振兴战略深入实施的保障，乡村组织振兴是各类基层组织相互作用及协同推进乡村社会和谐稳定发展的优化与整合。乡村社会成员尤其是乡村人口的组织、知识情况，会对乡村组织的发展状态产生重要影响。作为组织的一个核心要素，人归根到底是"靠构成行为的秩序结构来保障组织运行，这是人的社会属性从内向外散发的结果"①，也是乡村组织稳定运行的重要前提。地方高校"双创"教育以"社会人"为中介，既联结着教育又联结着社会，同时具有"内生组织"与"外生组织"特性，是推进乡村组织振兴发展的重要保障。从"内生组织"来看，地方高校"双创"教育为乡村组织振兴重新凝聚主体力量。通过内部的自我设计，能够为乡村振兴与发展培养一大批高素质"双创"人才，把他们塑造成为维护乡村社会治理秩序的"代言人"，进而维护乡村组织有序运转。从"外生组织"来看，地方高校通过"双创"知识与技能的教授，对村级党组织、村民自治组织、乡村集体经济组织等团体施加影响，挖掘、改造与完善乡村现有组织治理。通过着力构建扎根乡村的"选才—育才—用才""双创"人才培养机制、"学校—行业—产业"协同发展机制，扎实推进乡村治理体系与治理能力现代化。

（二）实施乡村振兴战略为地方高校"双创"教育发展拓宽实践空间

1. 乡村振兴战略的实施是提升地方高校"双创"教育服务能力的重要平台

服务地方经济与社会能力持续增强是"双创"教育高质量发展的能力基础。《高等学校乡村振兴科技创新行动计划（2018—2022年）》提出："加快构建高校支撑乡村振兴的科技创新体系，全面提升乡村振兴创新人才培养能力"②，这就要求地方高校"双创"教育功能进一步延伸到更广阔的实践领域，在人才、技术和培训等方面继续增强供给能力，为广大乡村培养以"双创"为主体的新型实用人才。农业农村优先发展是乡村振兴发展的标志性战略，地方高校"双创"教育应以推动农业发展、乡村产业升级以及村民技能提升为首要服务内容。第七次全国人口普查数据显示：我

---

① 温铁军，杨帅. 中国农村社会结构变化背景下的乡村治理与农村发展［J］. 理论探讨，2012（6）：76-80.

② 教育部关于印发《高等学校乡村振兴科技创新行动计划（2018—2022年）》的通知［EB/OL］.https://www.gov.cn/xinwen/2019-01/04/content_5354819.htm? tdsourcetag=s_pcqq_aiomsg.

国乡村人口约 5.1 亿人，占总人口的 36.11%①。国家统计局调查数据显示：2020 年，我国乡村居民人均可支配收入约 1.71 万元，同期城镇居民人均可支配收入约 4.38 万元②。由此可见，城镇居民收入和乡村居民收入的差距仍比较大。如何让农民群体特别是低收入群体增加收入，是当前深入实施乡村振兴战略面临的一大难题。同时，2000 年我国城镇化率约为36.09%，2020 年这一数据则为 63.89%③，这表明 20 多年来我国城镇化快速发展，大量乡村人口涌入城市，造成就业人员从"体能+技能"向"技术+技能"转变，给乡村过剩的劳动力带来极大挑战。作为乡村振兴战略实施的重要力量，地方高校"双创"教育要紧抓服务内容的关键，提高服务能力和服务水平，不断增强赋能乡村振兴战略实施实效。以高素质"双创"人才培育赋能农业发展，立足农业现代化需要，着力培养农业与文化、技术、信息、生态深度融合的"双创"人才。以先进技术赋能乡村产业升级，强化研发先进技术及先进理念推广，延长农业产业链，返乡进村创办企业，提高农业经济附加值，带动村民创收。要以"双创"技能培训赋能村民技能提升，通过"双创"技能教育与培训，促使广大村民职业化发展，让他们习得先进的生产技术技能和具备可持续的就业能力。

2. 乡村振兴战略的实施是地方高校"双创"教育可持续发展的重要动力

坚实的物质基础和人才需求是教育可持续发展的基础条件。乡村振兴战略的深入实施引发了国家对人才和科技的需求，这是地方高校"双创"教育可持续发展的内在动力。乡村振兴战略的全面推进，必将持续提升乡村经济综合实力，带动地区经济与社会整体发展，会直接影响地方高校"双创"教育宗旨和办学理念及人才培养模式改革。乡村振兴战略实施进程中所蕴藏的经济发展动力会得到更大释放，诸如《关于推动返乡入乡创业高质量发展的意见》等政策所释放的红利会更多，这为地方高校"双创"教育可持续发展提供了良好的经济基础和政策环境。同时，我国地区发展不均衡、不充分，农业农村发展的基础差异比较大，不同区域及发展

---

① 国家统计局. 第七次全国人口普查主要数据情况［EB/OL］. http://www.stats.gov.cn/tjsj/zxfb/202105/t20210510_1817176.html.

② 国家统计局. 中华人民共和国 2020 年国民经济和社会发展统计公报［EB/OL］. http://www.stats.gov.cn/tjsj/zxfb/202102/t20210227_1814154.html.

③ 国家统计局. 第七次全国人口普查主要数据情况［EB/OL］. http://www.stats.gov.cn/tjsj/zxfb/202105/t20210510_1817176.html.

阶段的乡村因各自不同的地理位置、产业结构、经济发展重点而出现差异性，决定了乡村振兴战略需以差别化来实施与推进。这种差别化特性让乡村在人才需求数量、种类和层次上呈现出不同特点，成为决定该地区高校"双创"教育发展规模、类型和层次的主要依据。与此同时，不同地区的乡村产业结构及发展特点对劳动者的类型结构也有不同的要求，如以旅游为主要特征的乡村，急需精于农业特色旅游开发、经营与管理的"双创"型人才。这种差异性会给"双创"人才的教育培养层次、类别及专业设置、课程设计带来直接影响，甚至会倒逼地方高校深化"双创"教育教学及人才培养模式改革。

第四章 地方高校"双创"教育与实施乡村振兴战略耦合的现状、存在的问题及其成因

地方高校"双创"教育是一种知识教育和实践教育，它与实施乡村振兴战略的耦合发展是必然的。本章以边疆少数民族地区高校为主要研究对象，探究乡村振兴战略背景下地方高校"双创"教育现状、地方高校"双创"教育服务乡村振兴战略状况、地方高校"双创"教育与实施乡村振兴战略耦合中存在的问题及其成因。

第一节 实施乡村振兴战略背景下地方高校"双创"教育现状分析

一、实施乡村振兴战略背景下地方高校"双创"教育概况

2015 年，自"大众创业、万众创新"被写入《政府工作报告》，上升为国家发展战略后，全国各地掀起了"大众创业"新浪潮，形成了"万众创新"新态势。据不完全统计，近年来，国家陆续出台了 40 多个促进"双创"配套政策文件，为地方高校"双创"教育加码助力。特别是自实施乡村振兴战略以来，从中央到地方都在强化政策供给，释放乡村振兴政策红利，高质量发展"双创"教育，推动"双创"教育与实施乡村振兴战略向纵深发展。

近年来，以广西、云南等省（区）为代表的边疆少数民族地区高校抢抓机遇、积极作为，紧扣实施乡村振兴战略需求，先后成立了"双创"教育学院，开设了多个具有先进时代特色的乡村振兴"双创"实验班、实践

班，开展了丰富多样的乡村振兴"双创"竞赛及实践活动，建立了专兼结合的专业化乡村"双创"师资队伍，持续推进"双创"教育发展。它们依托边疆少数民族地区区位优势，聚焦办学目标（定位），持续探索和创建大批"双创"教育品牌，培养更高质量"双创"人才，形成了较具边疆少数民族区域特色的"双创"教育模式，提升了"双创"教育对实施乡村振兴战略的贡献度。

二、实施乡村振兴战略背景下高校"双创"教育现状调查与分析

（一）调研对象与方法

要对实施乡村振兴战略背景下地方高校"双创"教育现状进行调查研究，需要明确调查对象，设计相应的问卷。

1. 研究对象与目的

根据研究实际需要，本书以广西、云南等省（区）为代表的边疆少数民族地区高校为研究对象，从该地区"211"院校、普通本科院校、职业院校 3 类高校中分别选取了极具代表性的广西大学、广西民族大学、右江民族医学院、广西民族师范学院、广西农业职业技术学院、广西经贸职业技术学院、云南大学、云南农业大学、云南民族大学、云南财经大学、云南农业职业技术学院、云南林业职业技术学院等 18 所高校。调研对象为上述高校的"双创"教育教师及在校学生。

本次调查的目的是了解乡村振兴战略背景下边疆少数民族地区高校"双创"教育现实状况，具体分析"双创"教育中存在的问题与不足，为有针对性地提出地方高校"双创"教育与实施乡村振兴战略耦合发展的路径与措施提供研究支撑。

2. 调查方法与实施情况

本次调查以广西、云南等省（区）为代表的边疆少数民族地区的 242 所普通高校为基础，从"211"院校、普通本科院校、职业院校 3 类高校中抽取 18 所高校进行问卷调查。本次调查主要通过"问卷星"网络平台发放问卷，收回问卷后再利用 Excel 和 SPSS21.0 软件整理、分析与统计所收集到的数据、资料。本次问卷调查共有 18 所高校的 10 800 名师生参加，收回问卷 10 800 份问卷，回收率达 100%。经审核，有效问卷 10 495 份，有效率达 97.2%；无效问卷 305 份，占 2.8%。调查样本量基本符合抽样调查要求，可保证问卷信度和效度。

（二）实施乡村振兴战略背景下地方高校"双创"教育现状调查结果分析

1. 大学生乡村"双创"实践意愿分析

在大学生对乡村"双创"实践意愿的调查中，针对"您毕业以后的打算是什么"，调查结果显示：46.20%的学生选择"就业"、41.10%的学生选择"考研或留学"、10.90%的学生选择"没想好"，仅1.80%的学生选择"会考虑创业"，如图4-1所示。

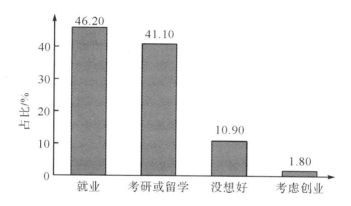

图4-1 "您毕业以后的打算是什么"调查结果

针对"毕业后，您的创业意向是什么"，调查结果显示：16.20%的学生选择"乡村创业"、17.10%的学生选择"有乡村创业的想法，但是先在大城市闯几年"、15.80%的学生选择"有乡村创业的想法，但先攒足一定的资金"、25.90%的学生选择"先观望一下"、25.00%的学生选择"不想在乡村创业或发展"，如图4-2所示。

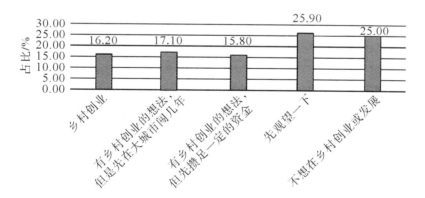

图4-2 "毕业后，您的创业意向是什么"调查结果

针对"您选择乡村创业或有乡村创业的想法的主要动机是什么",调查结果显示：26.60%的学生选择"自我价值和自我理想抱负的实现",选择"解决自身的就业问题""获取一定的社会财富""提升自身的社会地位""体验创业的艰辛与刺激"的学生分别占 21.20%、20.50%、16.60%、14.90%,如图 4-3 所示。

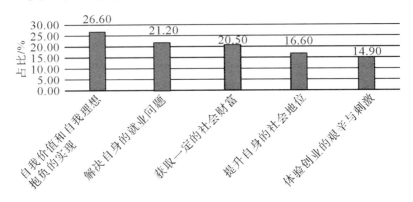

图 4-3　"您选择乡村创业或有乡村创业的想法的主要动机是什么"调查结果

针对"您不愿意投身乡村'双创'实践的主要原因是什么",调查结果显示：专业不对口占 27.78%、缺少农村"双创"实践相关培训占 22.40%、"双创"经验不足与试错成本较高等压力占 20.20%、"双创"政策把握度不够占 16.84%、家乡"双创"资源和机会不足占 12.78%,如图 4-4 所示。

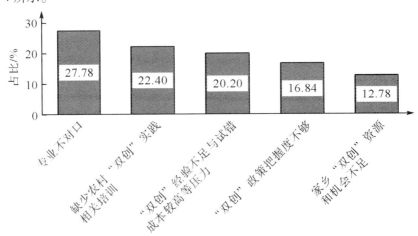

图 4-4　"您不愿意投身乡村'双创'实践的主要原因是什么"调查结果

在大学生对乡村"双创"实践认知准备的调查中，针对"您参加乡村'双创'活动的次数是多少"，调查结果显示：参与次数为 4 次及以上的学生仅占 8.51%，参加次数为 3 次的学生占 8.75%，参加次数为 2 次的学生占 21.82%，参加次数为 1 次的学生占 28.96%，没参加过的学生人数最多，占比达 31.96%，如图 4-5 所示。

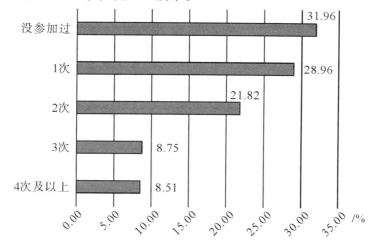

图 4-5　"您参加乡村'双创'活动的次数是多少"调查结果

针对"您没参加乡村'双创'实践活动的主要原因是什么"，调查结果显示：选择"不感兴趣"的占 39.79%，"时间与精力不足"的占 30.21%，"个人能力不足"的占 25.50%，"其他原因"的占 4.50%，如图 4-6 所示。

针对"您选择投身乡村'双创'实践的方向是什么"，调查结果显示：27.80%的学生选择"农产品电子商务服务"等商业服务类方向，25.60%的学生选择"特产农产品"等生态农业类方向，23.70%的学生选择"文创资源"等文创旅游类方向，22.90%的学生选择"农村教育与职业培训、农村医疗与康复护理"等医疗教育类方向，如图 4-7 所示。

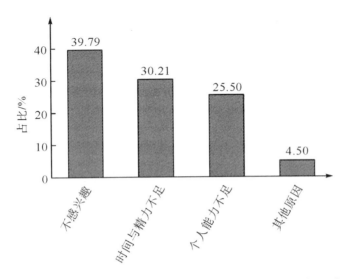

图 4-6 "您没参加乡村'双创'实践活动的主要原因是什么"调查结果

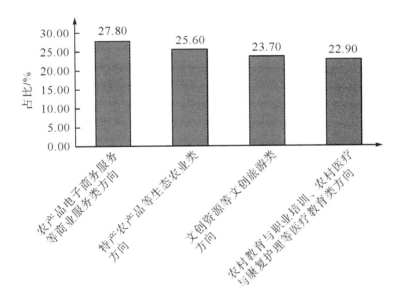

图 4-7 "您选择投身乡村'双创'实践的方向是什么"调查结果

针对"您投身乡村'双创'实践的知识能力准备有哪些",调查结果显示：21.20%的学生选择"人际交往能力和沟通技巧"，17.30%的学生选择"现代经济学及经济法等专业知识"，16.90%的学生选择"企业经营管理知识"，16.50%的学生选择"财务税收方面的知识"，15.30%的学生选择"市场营销知识",12.80%的学生选择"乡村'双创'计划书编写和企业沙盘模拟实训、乡村'双创'实践案例分析和研讨",如图4-8所示。

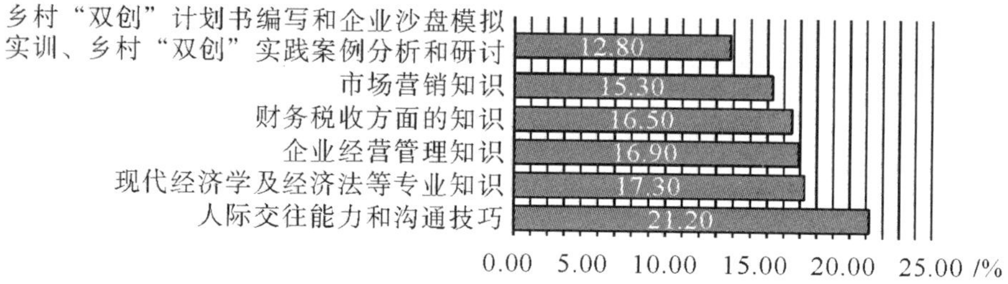

乡村"双创"计划书编写和企业沙盘模拟 实训、乡村"双创"实践案例分析和研讨 ┤ 12.80
市场营销知识 ┤ 15.30
财务税收方面的知识 ┤ 16.50
企业经营管理知识 ┤ 16.90
现代经济学及经济法等专业知识 ┤ 17.30
人际交往能力和沟通技巧 ┤ 21.20

0.00　5.00　10.00　15.00　20.00　25.00 /%

图4-8　"您投身乡村'双创'实践的知识能力准备有哪些"调查结果

针对"您开展乡村'双创'实践的初始资金准备来自哪里",调查结果显示:29.30%的学生选择"希望家庭能给启动资金",26.70%的学生选择"希望自己在大学期间兼职工作积攒资金并作为启动资金",23.70%的学生选择"希望从银行等金融机构获取贷款融资",20.30%的学生选择"希望获取政府扶持资金",如图4-9所示。

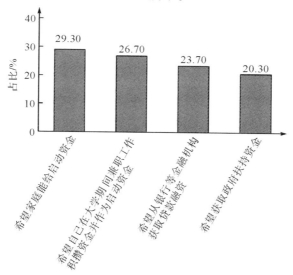

图4-9　"您开展乡村'双创'实践的初始资金准备来自哪里"调查结果

2. 地方高学校"双创"教育情况分析

在大学生对"双创"教育认识的调查中,针对"您认为乡村振兴战略背景下'双创'教育有哪些优势",调查结果显示:29.27%的学生选择"经营模式比较灵活"、28.50%的学生选择"'双创'资源更丰富"、

21.53%的学生选择"可调整学习内容"，20.70%的学生选择"能实现双向互动"，如图 4-10 所示。

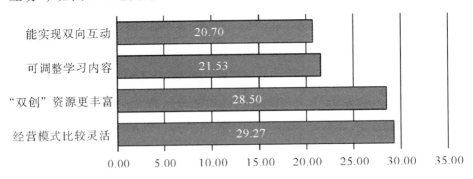

图 4-10 "您认为乡村振兴战略背景下'双创'教育有哪些优势"调查结果

针对"您认为在实施乡村振兴战略背景下'双创'教育应如何改进"，调查结果显示：25.50%的学生选择"丰富平台资源"、23.89%的学生选择"改进教学方式"、17.83%的学生选择"便于'双创'竞赛"、16.74%的学生选择"实现'双创'师资共享"、16.04%的学生选择"扩大'双创'资金范围"，如图 4-11 所示。

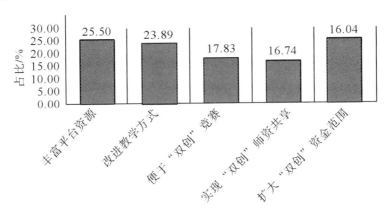

**图 4-11 "您认为在实施乡村振兴战略背景下
'双创'教育应如何改进"调查结果**

在"双创"教育课程学习情况的调查中，调查结果显示，学生群体中通过课堂理论讲解了解到乡村"双创"的占 52.78%、通过理论与实践相结合了解到乡村"双创"的占 21.33%、通过课外"双创"实践了解到乡村"双创"的占 15.76%、通过专家讲座了解到乡村"双创"的占

10.13%，如图 4-12 所示。

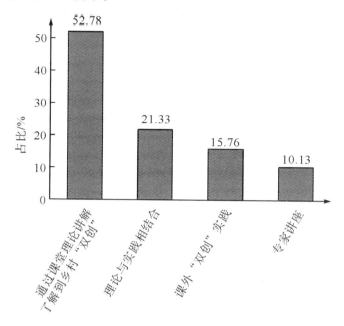

图 4-12　"'双创'教育课程的学习情况"调查结果

在"双创"教育课程教学效果的调查中，针对"通过'双创'教育课程学习，您的乡村'双创'实践能力有所增强"，调查结果显示：15.08%的学生选择"完全同意"、33.10%的学生选择"比较同意"、41.50%的学生选择"一般"、7.98%的学生选择"不太同意"、2.34%的学生选择"完全不同意"，如图 4-13 所示。

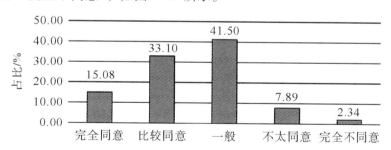

图 4-13　"通过'双创'教育课程学习，
您的乡村'双创'实践能力有所增强"调查结果

在"双创"教育课程授课方式的调查中，27.25%的学生选择"使用互联网进行线上+线下教学"、25.37%的学生选择"举办大赛或实践模拟"、25.17%的学生选择"课堂应采用互动式而非填鸭式教学方式"、23.21%的学生选择"案例讲座分析"，如图4-14所示。

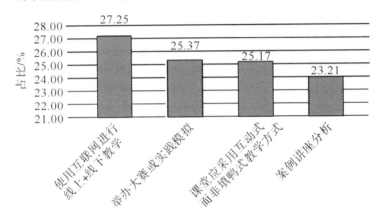

图4-14　"'双创'教育课程授课方式"调查结果

在乡村"双创"课程教育需求情况的调查中，学生选择"专业融合的乡村'双创'实践知识"的人数最多，占比33.03%，其次是"乡村'双创'实际案例""乡村'双创'基础知识""乡村'双创'实务操作知识"，分别占比24.92%、21.73%、20.32%，如图4-15所示。

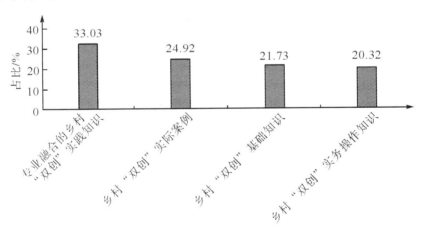

图4-15　"乡村'双创'课程教育需求情况"调查结果

在"双创"教育师资情况的调查中，18 所学校中开设"双创"教育课程的教师为校内专业课教师的占 33.28%，有过乡村"双创"实践经验及接受过乡村"双创"培训的教师和行政人员分别占 29.92%、25.39%，"双创"成功的校外成功人士和企业家仅占 11.41%，如图 4-16 所示。从数据上来看，"双创"教育师资队伍中受过乡村"双创"培训的教师、"双创"成功的校外成功人士和企业家占比较低，"双创"教育任课教师有过丰富乡村"双创"教育实践经验的不到三分之一，同时，他们在课程教学过程中并不能完全运用自己所掌握的乡村"双创"政策和实践信息来指导学生进行"双创"实践。

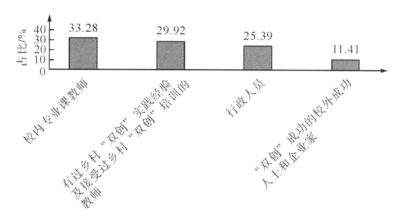

图 4-16 "'双创'教育师资情况"调查结果

在"双创"教育实践平台情况的调查中，绝大多数学生对学校建设或提供的"双创"教育实践平台和孵化基地及开展"双创"实践类活动情况比较满意。但针对"学校与相关企业和村镇合作共建基地支持学生开展乡村'双创'实践情况"，调查结果显示：31.30% 的学生选择"完全同意"，37.50% 的学生选择"比较同意"，26.50% 的学生选择"一般"，3.10% 的学生选择"不太同意"，1.60% 的学生选择"完全不同意"，如图 4-17 所示。

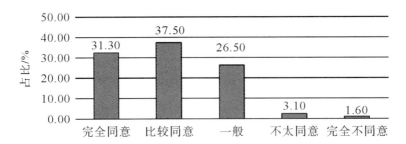

图 4-17 "学校与相关企业和村镇合作共建基地
支持学生开展乡村'双创'实践情况"调查结果

在"双创"教育外部支持情况的调查中,认为当前乡村"双创"教育缺少社会机构支持的人数占比 44.10%,其次是家人、政府部门和学校,分别占比 21.50%、22.70% 和 11.70%,如图 4-18 所示。

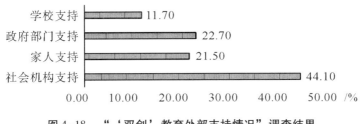

图 4-18 "'双创'教育外部支持情况"调查结果

"针对乡村'双创'实践来说,您认为政府应注重哪方面的政策支持",调查结果显示:26.50% 的学生认为政府应该放宽审批手续、23.50%的学生认为政府应该实行税收政策倾斜、25.50% 的学生认为政府应该提供免费的"双创"培训,24.50% 的学生认为政府应该提供免费的风险评估,如图 4-19 所示。

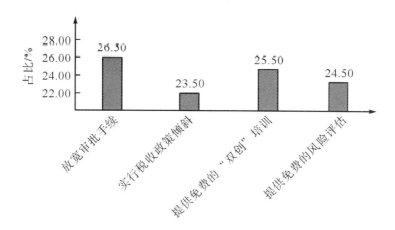

图4-19　"针对乡村'双创'实践来说，您认为政府应注重哪方面的政策支持"调查结果

针对"您认为学校'双创'教育存在哪些问题"，调查结果显示，学生选择"社会参与资源少"的人数最多，占比25.50%，其次是"缺乏实践机会""财政支持力度不够""缺乏完整的课程体系""'双创'氛围不足"，占比分别为22.20%、19.40%、17.30%、15.60%，如图4-20所示。

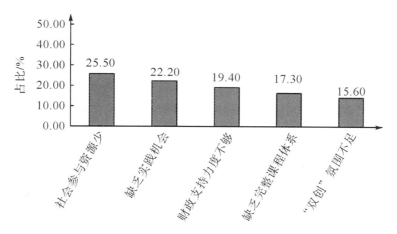

图4-20　"您认为学校'双创'教育存在哪些问题"调查结果

三、实施乡村振兴战略背景下地方高校"双创"教育中存在的问题及其成因

（一）实施乡村振兴战略背景下地方高校"双创"教育中存在的问题

1. 大学生乡村"双创"实践内驱力缺乏

根据对大学生乡村"双创"实践意愿调查结果的分析可以看出，尽管当前边疆少数民族地区高校"双创"教育的开展在持续深化，但大学生"双创"意识依然较弱，大学生对"双创"特别是投身乡村"双创"实践的主动性不强，在毕业后的乡村"双创"实践选择中，大部分学生持观望态度或仅有乡村"双创"实践的想法，仅有极少部分大学生愿意到乡村进行"双创"实践。在学生乡村"双创"实践认知准备方面，边疆少数民族地区高校大学生参与乡村"双创"实践活动的整体次数不多，接受调查的18所学校中没有参加过乡村"双创"实践活动的学生占三分之一以上。究其原因，是学校"双创"实践活动对他们没有吸引力，且他们自己本身也没想过要到乡村就业或创业。同时，有不少参与乡村"双创"实践活动的学生主要是想得到学分和评优奖励，其参与过程带有较强的功利性，真正拥有乡村"双创"实践内在驱动力的学生仅占少数。"双创"实践行为的提升要以"双创"意识为基础，如果学生没有从内心对"双创"实践有强烈的主观意愿和浓厚的兴趣，必然不利于"双创"教育的高质量发展。

2. 地方高校乡村"双创"教育实践课程与教学效果不理想

课程体系在"双创"教育整个过程中具有举足轻重的作用，是影响"双创"教育质量及教学水平的关键环节。当前，边疆少数民族地区高校"双创"教育在课程结构、形式、内容等方面与乡村振兴战略深入实施对学生"双创"能力和创造精神的实际要求还有一定的差距。从课程学习这一项调查结果中可以看出，目前边疆少数民族地区高校大力提倡教师开发乡村"双创"教育类课程，同时积极改革实践教学形式，但在相关课程教学中，课程理论讲解的形式依旧占主流，从相关实践课程方面来激发大学生乡村"双创"精神和意识的较少。在"双创"课程教学效果方面，有近一半学生认为他们在学习"双创"教育相应课程后，乡村"双创"实践能力提升的效果一般，甚至没有得到提升，表明当前边疆少数民族地区高校在"双创"教育教学效果方面还不如人意，基于"双创"教育课程教学而提升学生乡村"双创"实践能力的效果还有待加强。这种情况表明，尽管

目前边疆少数民族地区高校已开设了乡村"双创"教育实践课程，但教学内容较为单一，课程结构与学生需求还不匹配，也不能满足实施乡村振兴战略的实际需求。

3. 地方高校乡村"双创"教育与专业教育脱节

在对"双创"教育的实践情况进行访谈、调查和分析后，我们发现当前边疆少数民族地区高校在开展"双创"教育过程中并没有将其与农业经济等专业教育、职业生涯规划发展紧密结合起来，而是在一个相对独立的系统中传授"双创"知识与技能。"双创"教育更多的是在教室中教授相关的"双创"理论知识，再开设一些"双创"实践课程。从"双创"课程教育需求来看，绝大部分学生想学习与专业相融合的乡村"双创"知识及实务操作与实际案例。同时，在农业经济类等专业课堂教学中也很少引导学生利用专业知识投身乡村"双创"实践，课程教学与专业教育总体上还处于分离状态。虽然每年学校都会举办一些乡村"双创"教育及实践活动，但总体来看，学生参与的积极性不高，且大多数是理工类专业学生。在"双创"教育过程中，学生只掌握了一定"双创"理论知识和基础技能，同时相关"双创"实训课程大都安排在面临各类考试的期末时间，很难与专业教育相结合、相适应。由此可以看出，边疆少数民族地区高校还没有把教育引导学生投身乡村"双创"实践的"双创"教育理念与专业教育的理念更好地融会贯通起来，"双创"教育课程设置与专业教育课程脱节，极其不利于吸引学生积极投身乡村"双创"实践。

4. 地方高校乡村"双创"教育师资队伍有待加强

根据对"双创"教育师资情况的调查结果的分析可以看出，当前边疆少数民族地区高校"双创"教育师资力量不足，主要表现在：一是从量上来说，开设"双创"课程特别是乡村"双创"实践课程的教师数量较少。边疆少数民族地区高校调查结果显示，多数高校专职"双创"教育教师缺乏，"双创"教育教师多数为兼职人员，有乡村"双创"实践经验和受过乡村"双创"培训的教师、"双创"成功的校外成功人士和企业家人数就更少。二是从质上来说，"双创"课程特别是乡村"双创"实践课程缺少专业知识背景。从实际调查情况来看，目前从事"双创"教育的教师主要来自有教育学专业背景的教师、学生教育管理者、校外兼职人员，校内教师较少具有经济管理类、农业经济类专业背景，"双创"知识储备不足，知识结构体系不够完善，创新思维和创业意识较为缺乏。校外兼职教师虽拥有"双创"实践经验但"双创"理论深度不够。由此可以看出，边疆少数民族地区高校虽注重强化"双创"教育师资建设，但师资队伍的整体水平和教学能力参差不齐，既有专业素养又有乡村"双创"实践经验的教师比较稀缺，与学生"双创"特别是乡村"双创"实践需求不对等，很大程度上影响了"双创"教育服务乡村振兴战略的效果。

5. 乡村"双创"教育支持体系不够健全

随着国家乡村振兴战略的全面实施及"双创"教育的深入推进，各地高校主动作为，多措并举，高质量发展"双创"教育，但"双创"教育特别是学生投身乡村"双创"实践的效果并不理想。我们在对边疆少数民族地区高校乡村"双创"教育及其支持体系情况的调查中发现，问题主要集中在乡村"双创"实践资源及资金渠道方面，大多数学生认为当前进行乡村"双创"实践缺少来自政府、学校及社会、企业的大力支持，尤其是政府在审批手续、税收政策、"双创"培训及风险评估方面的支持。部分高校更关注乡村"双创"教育教学的表面形式，缺乏对乡村"双创"教育环境的用心营造，开展"双创"教育特别是乡村"双创"教育的保障条件不够到位，难以实现可持续高质量发展。"双创"实践活动资金匮乏，是乡村"双创"教育支持体系不够健全的另一个主要表现。调查结果显示，绝大多数学生在乡村"双创"实践初期希望能有政府及相关金融投资部门的资金扶持，然而多数的创业基金审批程序较为复杂，社会投资机构对学校"双创"教育特别是学生乡村"双创"实践的支持力度不够大，投入资金相对较少，让学生在还没有开始投身乡村"双创"实践的时候就打了退堂鼓。

（二）实施乡村振兴战略背景下地方高校"双创"教育存在问题的原因

1. 大学生乡村"双创"意识不强

深入分析实施乡村振兴战略背景下边疆少数民族地区高校"双创"教育存在问题的原因，我们认为首要因素是大学生乡村"双创"意识不强，学习过程中对"双创"教育特别是乡村"双创"教育实质性内涵和优势缺乏深度认识，重视度不够。这主要表现在：一是多数学生把引导他们投身乡村"双创"的"双创"教育视为一种通识教育、就业指导教育，没有意识到这一教育对其自身未来职业发展的重大意义，积极参与的主动性能动性不足。调查结果显示，大多数学生在未来毕业去向上选择了"就业"，这表明学生乡村"双创"意识淡薄，缺乏开展乡村"双创"实践的信心，对乡村"双创"实践前景有畏惧心理，这也是导致他们"双创"教育特别是乡村"双创"教育实践活动参与度不高、内驱力不足的主要原因。二是家庭环境是影响学生乡村"双创"认识的另外一个重要因素。目前学生就业形势异常严峻，特别是近年来受新冠病毒感染疫情的影响，"双创"相对来说面临的风险更多更大，许多家长希望孩子在大学毕业后能在国有企业、事业单位、党政机关等"体制内""铁饭碗"职业中找到一份比较稳定的工作，大多数家庭不支持和鼓励学生通过"双创"实现就业。家庭环境的影响和家长的反对态度，难以给学生投身乡村"双创"实践心理或物质层面上的支持，导致他们慢慢磨灭了"双创"特别是乡村"双创"实践的想法，进而影响到学校"双创"教育特别是乡村"双创"教育的实际效果。

2. 地方高校乡村"双创"教育体系不完善

国家关于乡村振兴和高校"双创"教育一系列政策文件的出台，极大地推动了边疆少数民族地区高校"双创"教育和乡村"双创"实践活动的实施。但当前多数高校"双创"教育并没有被实质性地纳入学校人才培养体系，缺乏明确的学科属性，导致学校的"双创"教育课程体系仅有通用的"双创"教育课程体系，缺乏专门针对乡村"双创"实践的完善的课程体系，存在"双创"特别是乡村"双创"实践教材建设不完善、实践课程少、与专业教育融合度低等问题。"双创"教育特别是乡村"双创"教育的理念比较陈旧、方法较为单一，其课堂教学与实践参与融合度不高，没有形成有效教育引导的良好生态。同时，边疆少数民族地区高校对"双创"教育教师队伍建设整体上重视不够，缺乏系统性规划、专门培养与激励机制，"双创"教师队伍结构不够合理，既有"双创"理论专长又有乡村"双创"实践经历的"双师型"教师比例偏小，不能完全满足学生"双创"特别是投身乡村"双创"实践的需要。此外，受资源与资金等多重因素的制约，目前边疆少数民族地区高校"双创"教育资源共享实践平台多以校内实习实训基地模拟项目为主，走出校园深入乡村开展"双创"实战项目的较少。乡村"双创"实践教学资源利用不够充分，大多数实践场所和项目在大城市，缺乏足够多的乡村"双创"实践项目和场所，导致学校"双创"教育特别是乡村"双创"教育体系不完整，亟待进一步完善。

3. 地方政府及社会外部支持力度不足

高校"双创"教育特别是乡村"双创"实践教育是一项由政府、社会和学校协同参与的系统性工程，除了大学生个人及其学校的内部因素外，政府及社会的外部支持因素也制约了"双创"教育的实际成效。这主要表现在：一是政府对高校"双创"教育特别是乡村"双创"实践教育的顶层设计和制度供给有待进一步加强。部分政策扶持的针对性不够强，扶持方案的制定与乡村特色融合度不够、与学生需求匹配度不够。部分政策落实迟滞，为大学生提供投身乡村"双创"实践的资金支持数量有限、审批过程较为烦琐，影响他们投身乡村"双创"实践的主动性。加上一些基层政府思想上重视不够、贯彻执行不到位，对大学生投身乡村"双创"实践的行政扶持力度不足，尤其是财力困难的边疆少数民族地区对大学生乡村"双创"资助政策很难落实到位。二是社会对"双创"教育认知度不够高。社会守旧创业思想、根深蒂固的"学而优则仕"理念，少数地方对乡村"双创"实践甚至还存在"骗取国家补贴"等错误舆论和认识偏见，让大学生投身乡村"双创"实践难以获得广泛的支持与认同。同时，"双创"教育文化氛围和影响还没有被大众了解，受社会认识的制约，企业对"双创"教育的参与程度较低，这也是制约学校"双创"教育特别是乡村"双创"实践教育高质量发展的重要因素。

第二节　地方高校"双创"教育服务乡村振兴战略状况分析

一、地方高校"双创"教育服务乡村振兴战略概况

服务乡村振兴战略有效实施，是新时代赋予地方高校"双创"教育的使命，是地方高校履行服务社会职能的具体体现，是地方高校发挥"双创"教育优势的重大机遇。近年来，以广西、云南等省（区）为代表的边疆少数民族地区高校抢抓机遇、主动作为，持续深化"双创"教育发展，在服务乡村振兴战略过程中取得了显著的成效。

近年来，国家颁发了《乡村振兴战略规划（2018—2022 年）》《中华人民共和国乡村振兴促进法》《乡村振兴责任制实施办法》等，国务院及相关部门先后制定了《关于推动返乡入乡创业高质量发展的意见》《关于

深入实施农村创新创业带头人培育行动的意见》《关于进一步做好返乡入乡创业工作的意见》《关于大力实施乡村就业创业促进行动的通知》等，教育部还以高校为主要对象制定实施了《高等学校乡村振兴科技创新行动计划（2018—2022 年）》。广西、云南等边疆少数民族地区地方政府也先后制定实施了《乡村振兴战略五年规划》《乡村振兴促进条例》《乡村振兴责任制实施细则》《乡村振兴科技创新行动计划实施意见》《"校农结合"助推乡村振兴开新局实施意见》等。在国家政策的有力指引下，以广西、云南等省（区）为代表的边疆少数民族地区高校高度重视服务乡村振兴战略，依托学校专业优势、人才优势、资源优势以及多年来厚积的服务区域发展的实践优势，研究制定学校层面的以"双创"教育为抓手的服务乡村振兴科技创新行动实施方案，成立相关组织机构，建立健全系列服务乡村振兴战略相关制度，高效推进"双创"教育服务乡村振兴工作有序运行。

依托学校专业特色优势，汇聚优质的"双创"教育资源，边疆少数民族地区高校积极搭建校政、校行、校企深度合作平台，将人才培养、应用研究、社会服务、产教融合等多元功能融合，先后成立了高校服务乡村振兴战略联盟、高校"双创"教育联盟，打造高水平乡村振兴新型职业农民培训中心、高水平乡村振兴创客中心、高水平乡村振兴研究中心、高水平乡村振兴"双创"教育教学实践基地，促进产、学、研、用融合发展，营造共同服务乡村振兴战略的良好氛围。它们以上述的"两联盟三中心一基地"为依托，鼓励学生积极参与"双创"实践，组织参加"互联网+"（"互联网+农业"赛道）"挑战杯""创青春"等全国性"双创"赛事；以高校"双创"教育联盟为依托，各高校汇聚校内外资源和力量，强化农业科技项目的"双创"实践；以高水平乡村振兴创客中心为依托，打造"互联网+大农业"等学生"双创"孵化平台，孵化一批适宜乡村振兴发展的"双创"实践项目；以教育部"青年红色筑梦之旅"等活动为依托，围绕农业产业发展、技术服务培训以及农产品销售等方面开展"双创"实践，增强大学生投身乡村"双创"实践意识；持续推进涉农"双创"教育，着力培养"青创客""农创客""新农人"等乡村振兴人才，引领他们扎根乡村创新与创业，以学校"双创"教育功能的充分发挥助推乡村振兴战略实施。

在实施乡村振兴战略背景下，受国家各种政策的引导，边疆少数民族地区高校通过高质量发展"双创"教育，激发大学生选择返乡入乡进行"双创"实践的意愿和热情持续增强，返乡入乡进行创新与创业的学生数量呈增长态势。大学生返乡入乡进行"双创"实践的项目主要集中在特色种植业、养殖业以及农产品加工业，以田园观光农业、民俗文化体验、乡村休闲度假为特色的乡村旅游业，以及乡村电子商务、乡村教育和民族传统文化等领域，少部分学生还从事承包农村工程、乡村电子信息化工程、智慧化农业行业等。据统计，90%的淘宝村是返乡入乡青年或大学生带动并发展起来的，大学生在乡村创新与创业激发了乡村经济与社会发展活力。高校"双创"教育发挥人才培养、科技创新优势，为乡村产业振兴与发展提供成果供给及技术与人才支撑，筑牢巩固脱贫攻坚成果、农业农村现代化的产业基础，带动了人才、文化、生态、组织全面振兴。

二、地方高校"双创"教育服务乡村振兴战略现状

（一）实施情况调查

为深入了解地方高校"双创"教育服务乡村振兴战略现实状况，本书以广西、云南等省（区）为代表的边疆少数民族地区高校作为主要对象，从该地区"211"院校、普通本科院校、职业院校 3 类高校中分别选取极具代表性的广西大学、广西民族大学、右江民族医学院、广西民族师范学院、广西农业职业技术学院、广西经贸职业技术学院、云南大学、云南农业大学、云南民族大学、云南财经大学、云南农业职业技术学院、云南林业职业技术学院等 18 所高校进行调查。本次调查制作了高校"双创"教育服务乡村振兴战略现状调查问卷并通过"问卷星"网络平台发放，收回问卷后再利用 Excel 和 SPSS21.0 软件整理、分析与统计所收集到的数据、资料。本次问卷调查共有 18 所高校的 9 000 名师生参加，收回问卷 9 000 份，回收率达 100%。经审核，有效问卷 8 820 份，有效率达 98.0%；无效问卷 180 份，占 2.0%。调查样本量基本符合抽样调查要求，可保证问卷信度与效度。

（二）地方高校"双创"教育服务乡村振兴战略现状分析

1. 地方高校"双创"教育服务乡村振兴战略的定位分析

在基于服务乡村振兴战略的高校"双创"教育的认知调查中，针对"您认为学校'双创'教育与实施乡村振兴战略有关系吗"，调查结果显示：58.78%的师生选择"有关系"，33.69%的师生选择"有一点关系"，

仅有7.53%的师生表示"没关系",如图4-21所示。从数据结果中可以看出,选择"有关系""有一点关系"的师生超过一大半,说明绝大部分师生认为学校"双创"教育和实施乡村振兴战略有关系。

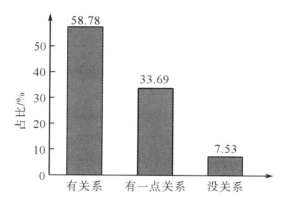

图4-21 "您认为学校'双创'教育与实施乡村振兴战略有关系吗"调查结果

针对"您了解学校开展'双创'教育服务乡村振兴战略的活动吗",调查结果显示:3.87%的师生选择"非常了解",14.47%的师生选择"比较了解",81.66%的师生选择"不太了解",如图4-22所示。从统计数据可以看出,选择"了解"的师生不超过20%,说明师生对学校"双创"教育服务乡村振兴战略的认知度较低。

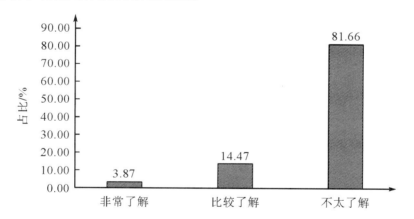

图4-22 "您了解学校开展'双创'教育服务
乡村振兴战略的活动吗"调查结果

针对"您参与过学校开展'双创'教育服务乡村振兴战略的活动吗",调查结果显示:4.67%的师生选择"经常参与",9.27%的师生选择"偶尔参与"，86.06%的师生选择"从未参与"，如图 4-23 所示。从数据统计结果来看，师生对学校"双创"教育服务乡村振兴战略活动的参与度较低。在问卷的一个开放题目中问到"您希望学校'双创'教育为实施乡村振兴战略做些什么"的时候，很多学生提出希望学校在"双创"教育教学中能多讲些乡村振兴的事情，多举办相关讲座，多开展一些实践活动，让他们了解乡村发展状况，帮助他们找寻一些乡村就业机会或创业商机。

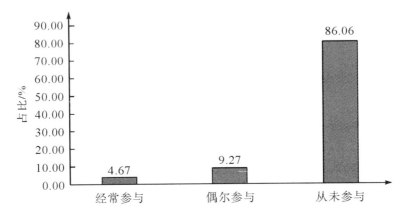

图 4-23　"您参与过学校开展'双创'教育服务
乡村振兴战略的活动吗"调查结果

2. 地方高校"双创"教育服务乡村振兴战略的机制分析

针对"您所在的学校'双创'教育在服务乡村振兴战略中有没有配套相应的管理机制"，调查结果显示：48.70%的教师选择"不太清楚"，45.80%的教师选择"没有"，仅有 5.50%的教师表示"有"，如图 4-24 所示。同时，在选择"有"的 5.50%的教师中，有部分教师表示：负责乡村振兴实践相关事宜的主要部门是组织部门，负责"双创"教育相关事宜的主要部门是创新创业学院和教务处。助力乡村振兴战略实施的一些活动都是学校号召或下达命令，分派给二级学院或相关职能部门，由它们自主安排活动或从事一些项目，没有安排专人负责考核评价。我们在访谈中发现，有部分"双创"教育教师表示"现在教学、科研压力大，都有具体指标要求，涉及职称评定和晋升等，而研究乡村振兴问题，需要去农村做调研，耗费时间长"；还有一部分教师表示，"结合实践教学需要，倒是愿意去乡村调研实践，但是学校对这一方面没有明确的奖励措施和资金支持，短时间内还勉强能行，但长时间就难以坚持下去"。与其他专业课教师相比，从事乡村"双创"教育或服务乡村振兴战略的教师工作量更大、见成果时间更慢更晚，基于对现实问题的考虑，越来越多的"双创"教师不愿到乡村调研，研究乡村"双创"问题。这种机制在很大程度上影响了"双创"教育教师服务乡村振兴战略的热情和积极性。

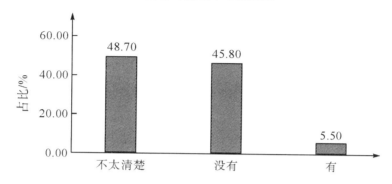

图 4-24　"您所在的学校'双创'教育在服务乡村振兴战略中有没有配套相应的管理机制"调查结果

3. 地方高校"双创"教育服务乡村振兴战略的内容分析

针对"您所在的学校'双创'教育在服务乡村振兴战略中有哪些内容"，调查结果显示：39.00%的教师选择"举办与乡村相关的'双创'类赛事"，35.70%的教师选择"培育与乡村相关的'双创'实践项目"，24.50%的教师选择"引导学生返乡入乡就业创业"，2.80%的教师选择"其他"，如图 4-25 所示。

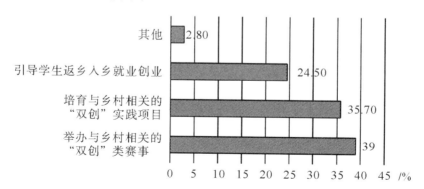

图 4-25　"您所在的学校'双创'教育在服务乡村振兴战略中有哪些内容"调查结果

针对"服务乡村振兴战略的'双创'教育师资队伍结构",调查结果显示:"双创"教育"双师"型教师不到学校专任教师的25%。其中,从职称结构来看,正高、副高、中级等职称及以下教师分别占总专任教师数的5%、21%和74%。从学历结构来看,博士占8%,硕士占54%,本科(学士)及以下学历占38%,如图4-26所示。同时青年教师占绝大多数,他们教学经验不足,可能影响"双创"教育人才培养质量。

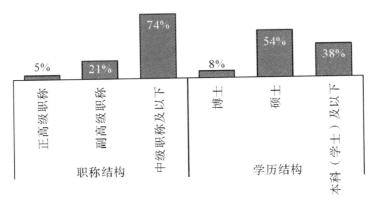

图4-26   "服务乡村振兴战略的
'双创'教育师资队伍结构"调查结果

针对"您所在的学校'双创'教育通过什么途径来服务乡村振兴战略的实施",调查结果显示,选择"双创"科研成果定点扶贫的教师占26.70%、选择乡村就业创业培训的教师占25.30%、选择"双创"社会实践的教师占24.80%、选择选派"双创"教师驻村帮扶的教师占23.20%,如图4-27所示。我们在和部分学校投身乡村"双创"实践的毕业生的访谈中发现,虽然有很多学校以"双创"教育来引导学生投身乡村"双创"实践、以"双创"项目实践来服务乡村振兴战略,但学生的"双创"项目大多比较单一、层次低,所涉及的行业范围不广,大多集中在农作物种植与养殖、农产品销售、非物质文化遗产等传统产业。

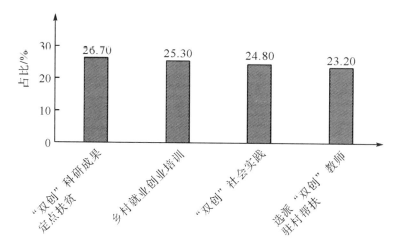

图 4-27 "您所在的学校'双创'教育通过什么途径
来服务乡村振兴战略的实施"调查结果

4. 地方高校"双创"教育服务乡村振兴战略的联动分析

针对"您对学校服务乡村振兴战略的校政'双创'教育联动方面的满意度如何",调查结果显示：42.70%的教师选择"不太满意"，32.80%的教师选择"不满意"，18.80%的教师选择"不太清楚"，仅有5.70%的教师表示"满意"，如图4-28所示。这说明被调查对象对学校服务乡村振兴战略的校政"双创"教育联动方面的满意度并不高。

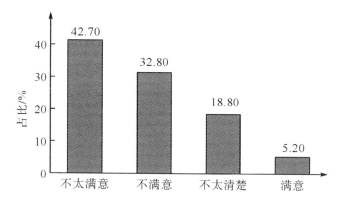

图 4-28 "您对学校服务乡村振兴战略的校政'双创'教育
联动方面的满意度如何"调查结果

针对"您对学校服务乡村振兴战略的校企'双创'教育联动方面的满意度如何",调查结果显示:46.60%的教师选择"不太满意",29.70%的教师选择"不满意",18.60%的教师选择"不太清楚",仅有5.10%的教师表示"满意",如图4-29所示。这说明被调查对象对学校服务乡村振兴战略的校企"双创"教育联动方面的满意度不够高。同时,我们在访谈中发现,有一半以上的教师表示学校并没有组织相关学者和专业教师深入研究乡村振兴战略等纲领性文件,调研学生乡村"双创"需求情况并及时向政府反馈。高校"双创"教育在服务乡村振兴战略方面还处于探索尝试阶段,发挥自身的人才、学科专业及科研等资源优势不够充分,与政府、企业合作的产学研融合的联动机制亟待进一步健全。

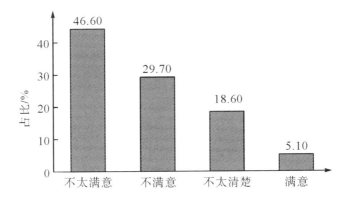

图4-29　"您对学校服务乡村振兴战略的校企'双创'教育
联动方面的满意度如何"调查结果

三、地方高校"双创"教育服务乡村振兴战略中存在的问题及其成因

(一)地方高校"双创"教育服务乡村振兴战略中存在的问题

1. 服务乡村振兴战略的地方高校"双创"教育定位不够明确

根据我们对服务乡村振兴战略的地方高校"双创"教育的认知调查结果的分析可以看出,尽管当前边疆少数民族地区高校大部分师生认同"双创"教育和实施乡村振兴战略有关系,但并不了解学校开展"双创"教育服务乡村振兴战略的活动,也没有参加"双创"教育服务乡村振兴战略的相关活动。同时,大部分学生希望学校在"双创"教育教学中能多讲一些乡村振兴的事情,给他们多提供一些乡村就业创业的机会。由此可见,边

疆少数民族地区高校"双创"教育中乡村振兴理念欠缺以及为实施乡村振兴战略服务的定位不够明确，导致大部分师生对学校"双创"教育服务乡村振兴战略的认知度以及相关活动的参与度均比较低。

2. 服务乡村振兴战略的地方高校"双创"教育机制不够完善

边疆少数民族地区高校"双创"教育在服务乡村振兴战略的过程中涉及面广、参与人数多、指导难度大，因此，必须建立健全相应的管理与保障机制，从而有效发挥"双创"教育的支撑与服务作用。根据对"学校'双创'教育在服务乡村振兴战略中有没有配套相应的管理机制"调查结果的分析可以看出，绝大部分教师对学校"双创"教育服务乡村振兴战略的管理机制满意度不高。同时，我们从与部分高校教师的访谈中也发现，部分学校内部没有专门的管理机构，管理机制不够健全，对从事服务乡村振兴战略"双创"教育的教师和科研人员缺乏激励措施和评价体系，学校在服务乡村振兴战略方面的内部运行机制极其不完善。

3. 服务乡村振兴战略的地方高校"双创"教育内容不够丰富

《高等学校乡村振兴科技创新行动计划（2018—2022年）》指出："要坚持创新引领的基本原则，加强协同创新。"[1] 创新驱动生产力发展，边疆少数民族地区高校要正确认识"双创"教育所拥有的"双创"人才、技术、技能等显性优势资源和"双创"精神、校园文化等隐性优势资源，调动校内各方面资源，主动思考、开拓创新，通过多样化的内容和途径深度服务全面实施乡村振兴战略。根据"学校服务乡村振兴战略的'双创'教育的内容和途径"调查结果可以发现，边疆少数民族地区高校在服务乡村振兴战略方面存在"双创"人才培养针对性不够强、"双创"人才培养模式较为单一、"双创"师资力量"短板"明显等问题，服务内容和途径相对单一，且更多的还是响应国家的号召或应政府的要求才去做的。

4. 服务乡村振兴战略的地方高校"双创"教育联动不够有力

边疆少数民族地区高校"双创"教育在服务乡村振兴战略的过程中，应从学校本身的人才资源与学科专业优势出发，强化与政府、企业联动，形成产学研深度融合机制，助力乡村振兴战略有效实施。根据调查结果分析可以看出，绝大部分教师对学校服务乡村振兴战略的校政、校企"双创"教育联动方面的满意度不高。学校没有组织有关专家、学者和专业教

---

① 教育部关于印发《高等学校乡村振兴科技创新行动计划（2018—2022年）》的通知[EB/OL].https://www.gov.cn/xinwen/2019-01/04/content_5354819.htm? tdsourcetag=s_pcqq_aiomsg.

师对乡村振兴系列文件进入深入研究，也没有根据乡村和学生发展需要有针对性地调研乡村"双创"需求情况并及时反馈给政府相关部门。同时，边疆少数民族地区的个别地方政府和企业对高校"双创"教育服务乡村振兴战略得天独厚优势的认识不够到位，特别是在发挥"双创"教育人才、资源、科研等方面优势助推乡村振兴战略有效实施方面认识不够充分，因此忽略了与地方高校的主动对接、协同融入。

（二）地方高校"双创"教育服务乡村振兴战略中存在问题的原因分析

教育部印发的《高等学校乡村振兴科技创新行动计划（2018—2022年）》指出："服务农业农村创新创业，开展农业农村领域创新创业活动"①，为边疆少数民族地区高校高质量发展"双创"教育、助推乡村振兴战略有效实施提供了有力支撑。但在具体实施过程中，地方高校还存在定位不够明确、内容不够丰富、机制不够完善、联动不够有力等诸多问题。究其原因，主要有以下方面：

1. 学校自身因素

深入分析边疆少数民族地区高校"双创"教育服务乡村振兴战略中存在问题的原因，我们认为首要因素是服务乡村振兴战略的理念滞后，从学校领导层面到教师层面均对农村经济、社会发展认识不全，不能与时俱进，对"双创"教育服务乡村振兴战略的重大作用和意义理解不深。学校对"双创"教育如何服务乡村振兴战略没有具体的实施方案，对自发服务乡村振兴的"双创"教育教师没有什么奖励，阻碍了为实施乡村振兴战略服务工作的有效开展。其次是服务乡村振兴战略的主动性不足。从目前边疆少数民族地区高校服务乡村振兴战略的"双创"教育内容和途径的实际情况来看，还存在服务意识不强、内容不丰富、途径单一的问题。究其原因，就是没有全面把握好实施乡村振兴战略与高校"双创"教育互动双赢的内在关系。高校虽拥有丰富的人才资源优势，但其培养的毕业生选择投身乡村"双创"实践的占比较低，多数学生对鼓励返乡就业、入乡创业和乡村振兴等相关政策并不熟知，反映出作为高素质"双创"人才培养的学校主动对接意识缺乏，从而影响其教育引领和支撑服务等作用有效发挥，不利于乡村振兴战略的有效实施。最后是服务乡村振兴战略的政策导向不

---

① 教育部关于印发《高等学校乡村振兴科技创新行动计划（2018—2022年）》的通知[EB/OL].https://www.gov.cn/xinwen/2019-01/04/content_5354819.htm? tdsourcetag＝s_pcqq_aiomsg.

够完善。我们通过访谈调查了解到，边疆少数民族地区高校对"双创"教育该不该为实施乡村振兴战略服务、主要服务于哪些方面、如何服务等重要问题缺乏系统思考及相应管理机制，针对从事服务乡村"双创"教育实践的教师的激励与评价缺乏长效机制，说明学校在"双创"教育服务乡村振兴战略方面尚未统一思想，政策导向不够清晰，服务乡村振兴战略有效实施的体制机制不完善，一定程度上也影响了学校"双创"教育自身的高质量发展。

2. 地方政府因素

深入分析边疆少数民族地区高校"双创"教育服务乡村振兴战略中存在问题的原因，一个重要因素是地方政府相关政策不完善。目前，国家和各地政府虽然出台了扶持高校"双创"教育系列政策，政策目标及内容覆盖广，但整体效力偏低。据统计，"双创"教育政策类别中法律法规和战略纲要类政策仅占 2.16%①。它们主要集中在学生"双创"实践后续的税费减免、融资等外部的优惠政策和条件支持上，较少关注学生创新精神和创业能力培养的"双创"教育过程本身，无法从根本上提高学生"双创"实践成效。从政策的适应性来看，边疆少数民族地区地方政府在乡村"双创"实践政策制定过程中实地调研不够，制定的政策与本地区特色、乡村实际情况融合不够紧密。加上政策涉及多个部门，在政策的实施过程中缺乏专门组织机构和明确分工机制，容易出现推诿现象，既影响政策实施的效果又影响学生投身乡村"双创"实践的主动性。其次是地方政府的支持力度不够大。高校"双创"教育服务乡村振兴战略具有正外部性，边疆少数民族地区地方政府应主动参与，为学校提供更多政策、资金等方面的保障。然而，我们通过访谈调查了解到，边疆少数民族地区地方政府虽然很支持高校"双创"教育服务乡村振兴战略的实施，但更多的还停留在态度和表面上，没有实质性的政策、资金方面的扶持。同时，边疆少数民族地区高校与所在地方政府部门缺乏互动沟通交流机制，这在一定程度上影响了"双创"教育服务乡村振兴战略的效果。

3. 乡村方面因素

深入分析边疆少数民族地区高校"双创"教育服务乡村振兴战略存在问题的原因，一个重要因素是乡村村民思想观念落后。受经济、文化、环

---

① 何继新，孟依浩，暴禹. 中国高校创新创业政策供给特征及组合评估：一个三维框架的量化分析 [J]. 黑龙江高教研究，2021（2）：92-99.

境等因素影响，与城市居民相比，乡村居民的观念陈旧，存在较为严重的"等靠要"思想，自我发展意愿不强烈，参与乡村振兴主动性不足，在学校"双创"教育服务乡村振兴战略过程中存在配合度不高的问题。同时，村民现有知识与能力水平不高，对新知识、新技术接受度不够高，对学校"双创"教育的服务项目支持度也不高，一定程度上影响了"双创"教育服务乡村振兴战略的效果。其次是乡村村民对学校了解不够全面。乡村振兴战略的实施与高校有紧密联系，村民应加深了解高校特别是高校的"双创"教育。然而，我们通过访谈调查了解到，很多村民对高校特别是高校"双创"教育的认知存在误差。他们认为高校主要是为国家培养有用人才的地方，他们对高校帮扶乡村发展表示非常欢迎，但对不帮扶也能接受。他们认为大学生是有知识的高素质人才，应该做更大的事情。同时，有些村民知道高校能帮助他们解决一些问题，但不知道该找谁帮忙，该怎么和学校取得联系。由此可以看出，边疆少数民族地区高校与农村互动较少，跟地方农村经济与社会发展出现隔离现象，这也无形中影响了"双创"教育服务乡村振兴战略的效果。

4. 学生方面因素

深入分析边疆少数民族地区高校"双创"教育服务乡村振兴战略存在问题的原因，一个重要因素是学生个人对乡村"双创"实践的积极性不高。受传统思想观念和职业观影响，尤其是受新冠病毒感染疫情的冲击，部分学生更青睐国有企业、事业单位、党政机关等"体制内""铁饭碗"职业。部分学生功利心较强，对乡村"双创"实践有偏见，返乡入乡"双创"振兴乡村意愿不高，投身乡村"双创"实践人数少，很大程度上影响了"双创"教育服务乡村振兴战略的效果。其次是学生个人的乡村"双创"实践能力不够强。他们接受的"双创"教育以课堂学习为主，完整的"双创"知识结构与体系尚未形成。部分学生知识储备、认知水平有限，生产经营管理技能与乡村"双创"经验不足，与乡村"双创"实践需要的衔接不够。部分学生社会交往、团队协作、资源整合利用和应对风险能力较欠缺，所拥有的人脉、信息、资金非常有限，对乡村"双创"市场以及"双创"项目了解不够全面，不能把控和预见乡村"双创"实践可能面临的风险与问题，难以促成乡村"双创"实践成功；部分学生已习惯了生活在大城市，对当前农村发展形势、农业现状和农民特点不了解，缺乏真实的乡村"双创"实践体验与认知，同时他们很难适应基础条件相对薄弱的乡村生活环境，不愿长期在乡村生活、开创事业，这也影响了"双创"教育服务乡村振兴战略的效果。

第三节　地方高校"双创"教育与实施乡村振兴战略耦合中存在的问题及其成因

一、地方高校"双创"教育与实施乡村振兴战略耦合的应然状态

所谓应然，是人们行动的"理想意图"，植根于人的实践性，满足人的生存与发展的需要①。地方高校"双创"教育与实施乡村振兴战略的耦合研究就是探索构建地方高校"双创"教育与实施乡村振兴战略的耦合机制，满足乡村地区经济、社会以及人的生存和发展需要，以高质量发展"双创"教育助推乡村振兴战略实施。地方高校"双创"教育与实施乡村振兴战略的耦合，不仅要满足基本的物质需要，还要满足社会和人包括政治、文化、生态等方面在内的其他发展需求，促进乡村经济与社会全面高质量发展。

（一）聚力产业振兴，打牢乡村振兴基础

地方高校通过"双创"教育引领学生返乡入乡投身"双创"实践。投身乡村"双创"实践的学生利用在校期间所习得的"双创"知识与技能，运用敏锐的市场思维和现代企业经营理念，将现代产业发展模式引进乡村，探索智慧农业、休闲观光农业及采摘农业等现代化农业发展新路径，推动传统农业向现代农业转变，实现乡村三次产业融合发展，促进乡村产业升级发展。以广西、云南等省（区）为代表的边疆少数民族地区高校为例，自实施"双创"教育以来，广西、云南等边疆少数民族地区的各类市场主体数量有了大幅度增加。深入实施现代特色农业产业品种品质品牌"10+3"提升行动，实施质量兴农、品牌富农战略，发展优特色农产品、"一县一业"、"一村一品"，发展"农业+休闲养老""农业+文化传承"等新业态，以产业的兴旺有力地推动了乡村村民生活富裕。

---

① 朱志勇."应然"的实践阐释：论马克思的实践应然观 [J]. 中国人民大学学报，2004（5）：67-72.

（二）聚力人才振兴，增添乡村振兴动力

通过"双创"教育引导学生返乡入乡投身"双创"实践，着力增强农业农村内生发展动力。以返乡入乡进行"双创"的大学生为主体，以人才为原动力，大力培育新型职业农民，强化农业乡村人才队伍建设，吸引社会更多的高素质人才投身乡村振兴发展。在实施乡村振兴战略和"双创"教育政策的双重影响下，地方高校学生返乡入乡就业创业的热情持续高涨，在全国各级各类返乡入乡就业创业人员中所占的比例有所增长。据统计，已有16%以上受过高等教育的毕业生选择返乡入乡就业创业服务乡村振兴[1]，反映出返乡入乡投身"双创"实践的大学生在带动乡村产业经济高质量发展、帮助村民实现"家门口"就业创业、助力乡村振兴发挥着越来越重要的作用。

（三）聚力文化振兴，丰富乡村振兴内涵

经过长久的积累和历史的沉淀，乡村已经形成了独特的文化符号，但近年来各地对乡村文化建设不够重视，导致乡村文化的乡土本色逐渐淡化。随着乡村振兴战略和"双创"教育政策的推进，民俗文化、传统文化活动又重新进入大众的视野。通过"双创"教育引导学生返乡入乡投身"双创"实践，将现代文明理念与乡村特有的风土人情有机结合，着力打造文明乡村新名片，乡风乡情也在其中发生着质的变化，乡村的文化氛围日益浓厚。以广西、云南等省（区）为代表的边疆少数民族地区坚持保护固态、传承活态、发展业态，深挖剪纸、刺绣、雕塑及戏曲等民间艺术、民俗活动，保护乡土特色文化，传承乡村优秀传统文化。注重挖掘传统村落、历史建筑、乡村饮食、民宿文化等乡村文化资源，组建秧歌、戏曲等文艺队伍，获批国家级传统村落、特色小镇，刷亮了乡村社会的文化本色。

（四）聚力生态振兴，提升乡村振兴魅力

投身乡村"双创"实践的大学生更加注重绿色发展对经济效益的引领作用，能够充分利用乡村自然资源和"乡艺、农耕、古居"等乡村元素，开发观光农业、休闲康养、生态教育等绿色生态产品和服务，促成绿色环保的乡村生态产业链。注重乡村基础设施建设、环境治理及自然生态景观保护来优化营商环境、提升乡村生活居住体验，以产业与生活相结合强化

---

① 王娟. 大学生返乡就业创业助力乡村振兴存在的问题及对策 [J]. 乡村科技，2021，12（11）：13-14.

村民环境生态保护意识，助推生态宜居和美乡村建设。以广西、云南等省（区）为代表的边疆少数民族地区深入实施农村人居环境整治一年行动计划，完成国家级传统村落保护发展项目和乡土特色建设示范村建设，实施行政村生活污水处理项目建设等，持续优化乡村人居条件与环境，让生态宜居成为乡村最大的发展优势。依托乡村独特的区位优势和自然资源，发展特色农业、民宿经济，打造康养休闲示范地、"网红"打卡地等项目，让乡村成为"望得见山、看得见水、记得住乡愁"的地方，吸引更多人返乡进村，在乐享乡村田园生活的同时为乡村振兴发展"添砖加瓦"。

（五）聚力组织振兴，夯实乡村振兴保障

投身乡村"双创"实践的大学生除了自发创办、运营企业，还能将自身的自治主体意识、政治素质、法治观念和参与精神引入乡村基层组织，改善乡村治理。返乡入乡进行"双创"实践的大学生植根于家乡的血脉及人际关系，在乡村基层治理方面的优势可谓得天独厚，能更加全面地把握乡村的特色优势，更加充分地利用当地特色资源助力乡村建设发展。近年来，以广西、云南等省（区）为代表的边疆少数民族地区各村党支部委员会、村民自治委员会、监督委员会"三委"干部中返乡进村进行"双创"实践的大学生人数持续增加，还有个别大学生返乡入乡后被选为村级后备干部，进入村级"两委"班子。同时他们充分发挥桥梁、示范和引领作用，带头成立镇级集体经济合作联社，发展壮大农村集体经济，提高乡村基层治理"引领力"。

二、地方高校"双创"教育与实施乡村振兴战略耦合中存在的问题

依据耦合理论的观点，在乡村振兴大系统中，地方高校"双创"教育与乡村振兴战略两大要素寻求相互拉动和相互促进，实现耦合发展，是两者关系形态和共同发展的理想状态。然而，在实然化推进地方高校"双创"教育与实施乡村振兴战略耦合发展的过程中还存在目标模糊、要素异化、关系失范、过程松散、环境困扰和自主性缺失等问题。

（一）耦合目标模糊

作为"双创"知识、技术和人才供给的"集散地"，地方高校"双创"教育是以培养高素质"双创"型人才为核心使命的一种教育范式，在传播新知识、催生乡村新产业新服务、建设乡村新文化、创新乡村治理及帮助个人发展与摆脱贫困方面扮演着极为关键的角色。它通过培养人才推

动了农业现代化和乡村繁荣发展，这一间接功能与实施乡村振兴战略的目标与愿景"不期而遇""不谋而合"。当前，在深入实施"众创"和"乡村振兴"双重战略的时代大背景下，国家正在集中力量全面推进乡村振兴，深化发展高校"双创"教育。但我们从对边疆少数民族地区部分高校的调研中发现，部分高校没有站在以中国式现代化全面推进中华民族伟大复兴的高度来系统思考"双创"教育与实施乡村振兴战略的内在结合点，深度挖掘两者的耦合性，对两者耦合目标的设置不够准确。对"双创"教育如何助力乡村振兴战略有效实施还缺少顶层设计，对乡村振兴人才需求及培养调研和探讨还不够有针对性，尚未能为学生提供两者同向同行的人才培养服务。没有很好地结合学校学科优势、专业特色和乡村振兴战略实施的实际需求开展"双创"教育，导致"双创"教育成果导向不够明确、"双创"教育生态不够完善、"双创"实践平台功能不够完备，"双创"教育与实施乡村振兴战略没有形成育人合力，尚未实现耦合互促。

（二）耦合要素异化

"双创"教育是我国高等教育体系中不可或缺的重要组成部分和类型独特的一种教育，其功能、定位和价值取向与"三农"联系密切，在服务"三农"发展中具有自身特有优势。但我们从对边疆少数民族地区部分高校的调研中发现，个别高校将常规化的"三下乡"、乡村义务支教等社会实践活动直接转嫁到"双创"教育上来，冠以"双创"教育称号，让学生无法深度理解"双创"教育在实施乡村振兴战略中的意义与作用，减弱了"双创"教育的影响力。个别高校"双创"教育中乡村振兴的理念欠缺，还不能完全理解和把握实施乡村振兴战略的价值意蕴，学生在"双创"教育实践中不能全面系统地理解乡村振兴战略，不能激发他们投身乡村建设、助力乡村振兴的责任感和使命感。个别高校涉农"双创"课程体系不健全，"双创"教育教学方法陈旧，过度重视"双创"实践，忽视学生企业家精神、"双创"素养提升，难以满足乡村振兴战略实施需求。个别高校"双创"教育活动小众化，形式与内容单一，学生参与度不高，没有真正贴合乡村振兴战略实施需求和学生自身发展需要。个别地方政府对"双创"教育在实施乡村振兴战略中得天独厚的作用与优势认识不够全面，加上其服务期间存在过程的长期性、价值的潜藏性及效果的滞后性，更加剧了一些地方政府经费支持和政策措施更多地向"政绩"领域倾斜，忽视了与地方高校的合作对接，忽略了"双创"教育价值功能的发挥，导致"双创"教育在乡村振兴战略实施中的角色迷失与错位。地方高校"双创"教育要想真正成为实施乡村振兴战略的耦合要素，提供相契合的人才科技支撑，就必须定位准确，回归"双创"教育的价值本体性，拥有着眼于并引领乡村建设与发展趋势的"双创"教育发展理念。

（三）耦合关系失范

地方高校"双创"教育与实施乡村振兴战略耦合互动，反映的是两者人才、技术、信息和能量之间的互动与交流关系，是它们相互作用、相互结合、融合发展的主要形式。对任何一个耦合系统来说，"契合"都是形成耦合的重要前提，"耦合互动"也必然是系统、要素之间相互适应、对接、匹配的渐进过程。在服务乡村振兴战略的过程中，乡村建设与发展需求是地方高校深化"双创"教育改革与发展的重要依据，更是"双创"教育提供服务的切入点、立足点。地方高校"双创"教育若想与实施乡村振兴战略达成耦合互动、联动发展，推进两者供需对接是实现耦合的必要条件和根本体现。但我们从对边疆少数民族地区部分高校的调研中发现，部分高校没有结合当地乡村产业结构及实际人才需求设置专业，"双创"人才培养方案涉及的经济管理类、农业经济类等专业设置比较单一，与当前乡村经济发展新需求不匹配；在"双创"教育课程上还缺乏专门针对乡村"双创"教育实践的课程体系，课程内容还缺乏对学生乡村"双创"意识的培养和乡村"双创"实践技能的培训；在"双创"教育师资上能开展"双创"教育的专业教师数量严重不足，特别是具有"三农"专家型或者乡村阅历的"双创"实践经验的教师更为稀少；在"双创"教育实践上与企业、乡村进行校企和村校合作交流比较欠缺、乡村"双创"实践教学资源利用不够充分、乡村"双创"实践的项目和场所较为缺乏，"双创"教育服务乡村振兴实践总体偏弱，造成地方高校"双创"教育与实施乡村振兴战略的供需脱节，尚未有效形成两者耦合互动共生的局面。

（四）耦合过程不紧密

地方高校"双创"教育与实施乡村振兴战略耦合，反映的是地方高校"双创"教育与实施乡村振兴战略之间人才、知识、技术、信息和能量的互动与交流过程。地方高校"双创"教育要实现与实施乡村振兴战略耦合联动发展，推进两者各个要素协同互促及过程互动紧凑是实现耦合的重要条件。但我们从对边疆少数民族地区部分高校的调研中发现，部分高校在助力乡村振兴战略实施方式选择上，大多选派科技人员下乡、送科技和文化下乡等，很少选派具有较强"双创"综合素质能力的大学生。很显然，在地方高校"双创"教育与实施乡村振兴战略的耦合过程上缺少"大学生创客"这一主体的积极参与，导致两者的耦合过程不能得到有效保障。同时，地方高校"双创"教育融入乡村振兴元素不够充分，学生在接受"双创"教育中难以发现乡村振兴战略提供的"双创"商机及就业机会。大部分高校"双创"实践项目落地城市，很少有"双创"项目扎根乡村，从而让学生在"双创"项目实践中更熟悉城市商业模式和经济发展规律，对返乡入乡进行"双创"实践的兴趣不浓，降低了他们投入乡村的热情与积极性，造成"双创"教育与实施乡村振兴战略的耦合不够紧密。同时耦合互动碎片化，耦合模式大多为"复制粘贴"，很难落地，大学生投身基层、扎根乡村进行"双创"实践的人数不够多。地方高校"双创"教育与实施乡村振兴战略若即若离，主体的结构较为松散，合作过程不够紧。就目前边疆少数民族地区而言，地方高校"双创"教育与实施乡村振兴战略的耦合主要依靠行政措施来推动，它们的耦合陷入机制困境。

（五）耦合环境困扰

耦合环境是维系这个系统平衡的重要外部因素或条件，主要表现为政策制度条件的"软"环境和物质条件与基础设施的"硬"环境。只有营造一个良好的耦合发展保障环境，才能更好地激发耦合要素的内生活力，维系耦合关系的平衡。但我们从对边疆少数民族地区部分高校的调研中发现，当前保障地方高校"双创"教育与实施乡村振兴战略耦合发展的软硬性环境还存在不同程度的缺失："双创"教育和乡村振兴政策制度上落地实施不够到位，且针对性可操作性不够强，专门解决大学生投身乡村"双创"实践困难的政策与措施不够多；部分乡村水电、交通、通信等基础设施建设较弱，经济生态滞后，经济活动和市场单一，各种"双创"元素缺乏，"双创"环境较差；部分乡村优势产业不多，尤其是第三产业发展缓慢，产品出路少，投资见效慢，产业风险高；部分乡村生产方式传统、信息化水平低，金融服务设施与环境有限；部分乡村公共服务与城市差距大，城乡地区公共服务设施资源分配不均，教育、医疗、文化等各类服务供给不足，乡村社会保障水平不高；部分家庭守旧的创业思想、根深蒂固的"学而优则仕"理念导致学生对投身"双创"实践的认知度和认可度不够高，甚至还存在"骗取国家补贴"等错误舆论和偏见；大学生面对经济下行和疫情影响的双重压力，更倾向于"体制内""铁饭碗"工作等，难以助力地方高校"双创"教育与实施乡村振兴战略形成更深层次的耦合发展生态。

（六）耦合自主性缺失

自主性是国家—社会关系结构下的一种相对自主。具体来说，它是指组织在内部配置和使用资源、确定人事、规划和执行活动及设定目标等方面，较少受如政府外部相关联组织的干预和控制，而具有一定自由选择和决策的能力①。虽然国家治理理念正在从社会管理向社会治理转变，但是当前我国仍处于"强国家—弱社会"的政治背景中，无论是哪一种类型的组织，其生存和发展都会受到政府的强力影响。国家高度重视解决"三农"问题，城乡关系逐渐从二元分割到统筹发展再到融合发展，但历史遗留下的乡村发展落后问题仍未得到完全解决，劳动力、资本等生产要素紧缺，农民土地财产权益得不到保障，直接阻碍了乡村进行自我管理与运作。在乡村振兴战略全面实施的背景下，国家资源向乡村地区倾斜，全面实现脱贫，农村自主能力得到修复，但仍然需要依靠外部资源输入。只有强化内生运作机制有效运转，乡村才能在脱贫的基础上走向振兴，实现升级发展。地方高校作为事业单位或者非营利性组织，与政府之间主要构成"依附式合作"，而财政资金限制是地方高校"双创"教育从事实自主性层次向认知自主性层次迈进的最主要障碍。地方高校"双创"教育发展依赖于政府财政拨款，无法自行掌握资金这一最核心的资源，其自主性必然受到制约。因此，地方高校"双创"教育与实施乡村振兴战略耦合主体的自主性不足甚至缺失，导致双方耦合风险较高，无法形成可持续的耦合发展。

三、地方高校"双创"教育与实施乡村振兴战略耦合中存在问题的原因分析

以广西、云南等省（区）为代表的边疆少数民族地区高校为基础，了解实施乡村振兴战略背景下地方高校"双创"教育及其服务乡村振兴战略状况，可以发现现阶段地方高校"双创"教育与实施乡村振兴战略在耦合发展的过程中还存在目标模糊、要素异化、关系失范、过程松散、环境困扰以及自主性缺失等问题。究其原因，主要有：

---

① 张沁洁，王建平. 行业协会的组织自主性研究：以广东省级行业协会为例 [J]. 社会，2010，30（5）：75-95.

（一）政府方面因素

政府在地方高校"双创"教育与实施乡村振兴战略耦合中扮演着政策制定者、资源供给者及成效监管者角色，其角色要求它在其中必须设计合理的规划，完善相应的政策法规，充分发挥监管职能。从我们对边疆少数民族地区部分高校调研情况的分析来看，地方高校"双创"教育与实施乡村振兴战略耦合存在问题的一个重要原因是政府顶层设计还不完善，政策扶持力不足，监管体制不健全。一是政府顶层设计不完善。近年来，国家和各地方政府就"双创"教育与实施乡村振兴战略提出了一系列具体政策，但其内容比较分散，涉及多部门制定，相关职能部门协调不够，很多政策只是导向性的，缺乏系统的规则，并没有形成一套完整的政策体系。二是政府政策扶持力不足。政策扶持的针对性不强，扶持方案的制定与乡村特色融合度不足、与学生需求匹配度不高；专门解决地方高校"双创"教育及其引导大学生投身乡村"双创"实践困难的政策与措施不够多，且这些支持政策及扶持措施的具体内容和方向在广大学生中的宣传力度不够大，普及面不够广；政策扶持没有给予返乡入乡进行"双创"实践的大学生群体特殊指向，特别是在社会保障方面城乡落差比较明显，缺乏特殊照顾；各项政策在落地实施的过程中，财力困难的边疆少数民族地区基层政府重视不够、执行不到位，对大学生投身乡村"双创"实践的行政扶持力度不足，对大学生投身乡村"双创"实践资助政策落实不够到位；各项扶持措施涉及多个部门，手续审批比较复杂，各部门之间沟通协调不顺畅，相互联动少，执行效率不高，容易出现相互推诿"踢皮球"现象，不能完全满足大学生返乡入乡"双创"实践实际需求。三是政府监管机制不健全。大学生在投身乡村"双创"实践的过程中，因当地政府的监督管理不够到位、机制不够健全，容易导致他们创办的企业运营存在困难，造成乡村"双创"实践活动失败，很大程度上影响了地方高校"双创"教育与实施乡村振兴战略的耦合联动发展。

（二）学校方面因素

学校在"双创"教育与实施乡村振兴战略耦合中扮演着极其重要的角色，对促进大学生乡村"双创"实践具有主导性作用。地方高校"双创"教育与实施乡村振兴战略耦合存在问题的一个重要原因是学校乡村振兴理念较为欠缺、"双创"教育体系不够完善。一是学校"双创"教育服务乡村振兴理念欠缺。近年来，边疆少数民族地区高校积极响应乡村振兴战略，发挥自身独特的育人资源和优势，推进"双创"教育改革，加快培育实施乡村振兴战略所需要的"双创"人才，但对国家出台的"双创"系列制度文件及乡村振兴系列政策的研究不够深入透彻，在"双创"教育发展中融入乡村振兴理念不够及时，对"双创"教育与实施乡村振兴战略的耦合发展思考不够深入，还没有理清学校"双创"教育的宗旨和办学理念，不能利用边疆少数民族地区区位优势及资源禀赋，紧扣乡村振兴产业优势、战略定位及发展目标，强化"双创"教育顶层设计，优化"双创"人才培养机制。二是学校"双创"教育体系不够完善。边疆少数民族地区高校人才培养特别是"双创"人才培养方案制定与乡村振兴紧密度不够、资源利用率不高，专业和课程设置尚未能实现与经济管理类、农业经济类专业无缝对接，在人才培养中没有有效利用乡村的丰富资源帮助学生开发优质的乡村振兴项目，在需要孵化的"双创"项目中没有能够及时对接乡村创业实践基地予以倾斜。"双创"教育理念陈旧、教学方法单一，缺乏专业性针对性，课堂教学与实践参与融合不足，尚未形成有效教育引导的良好生态。"双创"课程体系上仅有通用的"双创"教育课程体系，缺乏专门针对大学生乡村"双创"实践的课程体系。"双创"师资队伍建设上涉及"三农"专家型教师或有乡村阅历的"双创"导师比较匮乏，难以实现"以乡村创业反哺教学创新"。实践平台建设上大多数实践场所和项目在大城市，缺乏足够多的乡村"双创"实践项目和场所，导致地方高校"双创"教育与实施乡村振兴战略的耦合度还不高。

（三）乡村方面因素

乡村在地方高校"双创"教育与实施乡村振兴战略的耦合中起着重要的推动作用。地方高校"双创"教育与实施乡村振兴战略耦合存在问题的一个重要原因是乡村整体环境限制。乡村振兴战略的实施需要一批高素质"双创"人才返乡入乡带动乡村发展，但目前边疆少数民族地区乡村在生态环境、"双创"环境及制度环境等方面与城市差距较大，无形中影响了地方高校"双创"教育与实施乡村振兴战略的耦合发展。一是乡村生态环境遭到破坏。良好的乡村生态环境有利于人的身心健康，吸引人留在乡村干事创业。但是过去乡村以资源消耗为代价的发展模式，造成其生态环境遭受了严重破坏，很难让返乡入乡"双创"的大学生"留得住、干得好"。二是乡村"双创"环境不够优化。虽然国家和各地方政府积极鼓励大学生返乡入乡进行"双创"实践，但是边疆少数民族地区大部分乡村人口稀少、田地撂荒、宅基地闲置，各级干部对乡村"双创"政策宣传不够到位，村民对"双创"实践认知度不够高。乡村居民思想保守，"学而优则仕"观念根深蒂固，对投身乡村"双创"实践的大学生还存在错误舆论和认识偏见。乡村经济生态比较滞后，经济活动和市场较为单一，各种"双创"元素缺乏，"双创"服务设施与环境有限。乡村自身的经济相对落后、交通通信设施不够齐全，管理体系和治理体系不够完善，人才、信息、资金的凝聚局限性比较明显，乡村"双创"环境和氛围不够优越。三是乡村制度环境不够完善。从对广西、云南等省（区）边疆少数民族地区的调研结果来看，乡村的整体生态环境良好，但第三产业特别是绿色生态产业的发展仍然不足。乡村的生活环境基本得到保障，但教育、医疗和文化等服务设施方面还有待加强，乡村改厕、垃圾处理等卫生方面还有待改善；乡村的生态环境吸引各类人才，但在吸引他们投身乡村"双创"的政策及配套支持措施方面尚需加强。乡村产业发展、公共服务与"双创"人才引进等方面的制度建设不够健全，也会影响到地方高校"双创"教育与实施乡村振兴战略的耦合联动发展。

（四）学生方面因素

大学生通过学校接受"双创"教育投身乡村"双创"实践、参与乡村振兴，以自身的实际行动助力乡村产业经济发展、乡村风貌改变、乡村基层治理活力与效能提升，突出个人的自我价值实现，在推动地方高校"双创"教育与实施乡村振兴战略耦合发展中扮演着极为重要的角色。地方高校"双创"教育与实施乡村振兴战略耦合存在问题的一个重要原因是学生对乡村"双创"实践认知不足和"双创"综合素养欠缺。一是学生对乡村"双创"实践认知不足。受"重仕轻农""重商轻农"传统思想影响，尤其是受新冠病毒感染疫情的冲击，大部分学生更加青睐国有企业、行政事业单位、党政机关等"体制内""铁饭碗"职业，一定程度上改变了他们投身"双创"实践的价值认知和就业观念。许多学生从小生活在安逸的城市环境中，很难适应基础条件相对薄弱的乡村生活环境，不愿到乡村开创事业。二是学生"双创"综合素养较欠缺。投身乡村"双创"实践需要具备比较强的创新意识和创业能力、经营管理能力、资源整合能力、市场分析能力等"双创"综合素养。从我们对边疆少数民族地区部分高校调研的分析来看，部分学生自身知识储备、认知水平局限性明显，生产经营管理技能与乡村"双创"实践经验不足，与乡村"双创"实践需要衔接度不够；部分学生社会交往、团队协作、资源整合利用和应对风险能力方面较为欠缺，所拥有的人脉、信息、资金比较有限，对乡村"双创"市场及"双创"项目了解不够全面，不能把控和预见乡村"双创"可能面临的风险与问题，"双创"实践难以成功；部分学生已习惯于生活在大城市，对当前乡村发展形势、农业现状和农民特点不甚了解，缺乏真实的乡村"双创"体验与认知，不利于地方高校"双创"教育与实施乡村振兴战略的耦合发展。

第五章 地方高校"双创"教育与实施乡村振兴战略耦合发展的机制、策略、路径与措施

      乡村振兴战略的有效实施需要地方高校"双创"教育的多维度支撑，即以"双创"教育与实施乡村振兴战略的多维性耦合为起点，构建教育、技能、载体、场域、秩序"五维一体"的耦合发展机制。"五维一体"耦合发展机制的构建，需要地方政府、高校、乡村、家庭和学生个人多方协同发力。本章立足地方高校"双创"教育与实施乡村振兴战略耦合存在的问题，探究地方高校"双创"教育与实施乡村振兴战略耦合发展机制、策略及路径与措施。

第一节 地方高校"双创"教育与实施乡村振兴战略耦合发展机制

一、耦合发展机制

（一）机制

      "机制"一词源自希腊文，是指机器的构造及其工作的原理，在《现代汉语词典》中是指一个工作系统的组织或部分之间相互作用的过程和方式①。在 Merriam-Webster 词典中解释为"涉及或导致某些行动、反应和其

---

① 中国社会科学院语言研究所词典编辑室. 现代汉语词典 [M]. 6 版. 北京：商务印书馆，2012：597.

他自然现象的系列相关的基本活动或过程"①。在《辞海》中解释为"用机器制造的，如机械纸；有机体的构造、功能及其相互关系，如生理机制；指工作系统的组织或部分之间相互作用的过程和方式，如市场机制、竞争机制"②。后来，"机制"一词被借用到生物学、医学等自然科学中，并被逐步引入社会科学中。在生物学及医学领域，它通常表示有机体生理或病理发生变化时，各器官之间互相联系、作用和相互调节的方式。在社会学、经济学与管理学等领域，它常常重在说明一定社会组织或经济机体中，各构成要素之间互相联系与作用的关系及功能。

从机制的演绎可以看出，它在自然科学中多指机械与机能，在社会科学中多指机构和制度，均包含两个方面的主要内容，即组织部件及其结合方式和其内在的本质联系（规律性），也可分为构造、功能和运行三个方面，包括主体构造及其功能，与各主体之间的关系、作用方式、运行规律等，并仍在不断发展和丰富中。机制包括天然的和人工的两种，天然的机制如生物体机制，人工的机制如经济机制。构建人工机制是一项复杂的系统工程，其主线在于体制和制度。也就是说，通过健全体制和制度可以形成相应的机制。从这一角度来说，机制是制度加方法或制度化了的方法。机制的作用是事物或系统内各要素之间的相关联性让它们彼此相互作用、激发、制约从而产生一种联动作用和综合效应。良好的机制在理想的状态下可以让一个系统接近自适应性，特别是在外部的条件发生不确定性变化之时能够自动快速做出反应，及时调整原来的策略与举措，实现优化目标。

（二）耦合发展

耦合发展是两个及两个以上的事物或者系统互相适应、相互配合、相互促进，耦合而成的良性循环过程。这里将耦合发展应用于地方高校"双创"教育与实施乡村振兴战略以表示两个系统之间互相作用、相互影响。地方高校"双创"教育与实施乡村振兴战略耦合发展是指在助力乡村振兴战略深入实施的同时，地方高校"双创"教育在新形势下实现高质量发展，最终达到两者的发展状态进入良性循环的过程。

基于当前实施"众创"和"乡村振兴"双重战略大背景，地方高校"双创"教育的高质量发展为实施乡村振兴战略提供人才储备、推动乡村

---

① 梅里亚姆—韦伯斯特公司. Merriam-Webster Dictionary［M］. 纽约：梅里亚姆—韦伯斯特公司出版社，1996：455.

② 夏征农，陈至立. 辞海［M］. 6版. 上海：上海辞书出版社，2009：1000.

产业转型升级、助推乡村社会治理改善等，同时乡村振兴战略的深入实施必将会影响到甚至倒逼地方高校进一步深化"双创"教育教学及人才培养模式改革，推动"双创"教育高质量发展，并反作用于实施乡村振兴战略，两者形成良性循环。所以，本书对地方高校"双创"教育与实施乡村振兴战略的耦合发展做以下理解：一是如果地方高校"双创"教育与实施乡村振兴战略各自发展水平高，两者就能互相促进，地方高校"双创"教育就能根据实施乡村振兴战略的实际需求，调整改革"双创"教育教学及其人才培养模式，促进"双创"教育高质量发展的同时推动乡村振兴战略有序有力实施。基于这种情况，我们说两者之间是耦合发展的。二是如果地方高校"双创"教育与实施乡村振兴战略各自发展水平较低或悬殊太大，影响其内部各要素之间相互作用，致使两者呈现出缓慢或衰退的趋势，此时两者之间的发展是失调的。

（三）耦合发展机制

耦合发展机制是物理学上的一个基本理论概念，是指在两个及两个以上事物或系统中各个部分之间相互联系、相互作用，通过协调、调节，实现整体运行发展的一种机制，它会让关联事物或系统的方向发生变化，存在非线性、复杂作用的一种关系。从经济学的视角来看，它是"构成经济发展系统各子系统，或者构成经济发展过程的各个子过程之间及各自内部的'均衡机制'，这种'均衡机制'使得子系统或子过程能够与系统整体在发展阶段、发展目标、发展政策和发展速度上实现有机配合，形成良性互动的合力系统，从而取得更好的经济绩效"①。从系统学的角度来看，耦合发展机制是系统高效配置的一种状态，即两个及以上系统之间的耦合关系，其单个子系统或要素并不是简单"增长"，而是整体性、综合性、内在性的聚合发展。

在现代社会，各个领域发展都需要耦合发展机制的支持。在政治、经济及文化领域，耦合发展机制是实现政治稳定、经济发展及文化多样性的重要手段。一个国家中各种政治力量之间的协调和合作及政府的权力分配和调节需要耦合发展机制的支持，如在一些国家，执政党和反对党（在野党）之间的协商和妥协，可以实现政治稳定和社会和谐。在市场经济中，各个企业之间的竞争和合作及政府的宏观调控需要耦合发展机制的支持，

---

① 向勇. 精准扶贫与乡村振兴耦合发展机制研究 [D]. 南京：东南大学，2020：31.

如政府可以通过税收及货币政策等手段来调节经济运行，企业之间可以通过合作来实现资源共享、互利共赢。在社会中，各个文化群体之间的交流和融合以及政府的文化政策和调节需要耦合发展机制的支持，如在一个多元文化的社会中，可以通过文化交流和文化教育来促进不同文化之间的理解和融合。耦合发展机制是现代社会中不可或缺的一种机制，只有通过各个领域之间的协调和合作，才能实现整体稳定和良性发展。因此，我们要重视耦合发展机制的作用，着力推动各个领域之间的协调和合作，为社会经济高质量发展做出贡献。

二、地方高校"双创"教育与实施乡村振兴战略的耦合发展机制建构

地方高校应紧扣实施乡村振兴战略这一时代新机遇，主动对接乡村振兴与发展实际需求，高质量发展"双创"教育，持续完善"双创"人才的文化、资源、实践、价值，更好地契合乡村人才、产业、生态和文化发展需要，实现"双创"教育与实施乡村振兴战略的耦合发展。

（一）强化乡土文化传承与振兴教育，构建文化耦合发展机制

党的二十大报告指出，"要传承中华优秀传统文化"①。乡土文化是与现代城市文化不同的，在乡村独特的人文环境、丰富的文化风俗背景下形成和发展的一种文化形态，是我国优秀传统文化的组成部分。它以自身特有的历史人文资源和独特的文化艺术价值助推乡村经济、生态发展更加繁荣，可以对深入实施乡村振兴战略、推动乡村振兴发展起到关键性作用。作为乡村振兴战略不可或缺的组成部分，乡土文化的传承与发展需要新时代青年担负起这一重任。作为高校的基本职能之一，文化传承与创新是学校办学质量最根本的体现。因此，地方高校要从文化视角承担起实施乡村振兴战略的使命，高质量发展"双创"教育，通过校园文化、社会实践等平台，广泛引入乡土文化，让乡土文化与现代城市文化在校园中相互交融碰撞，营造服务和振兴乡村浓郁校园文化氛围。通过"双创"课堂教学、实训实习等载体，广泛传播乡土文化，让广大学生更加全面地认识、了解乡土文化，做好乡土文化的积极学习者、广泛传播者、忠实践行者，自觉承担起传承与发展乡土文化、助力乡村振兴战略实施的时代重任。

---

① 习近平.习近平著作选读：第1卷［M］.北京：人民出版社，2023：36.

（二）实施"双创"教育资源精准配置，构建资源耦合发展机制

1. 优化专业建设顶层设计

地方高校要聚焦"培养什么人""怎样培养人""为谁培养人"这一根本问题，聚焦服务面向，结合乡村振兴战略实施需求，从顶层设计上优化专业建设，培养与实施乡村振兴战略相契合的高素质"双创"人才。大力拓展建设与乡村发展相应的学科或者专业，如农业经济管理类、林牧畜类、物流类、营销类等方面的学科或者专业，强化瞄准区域需求的本土化专业建设，发挥各学科、专业综合优势，深挖课内课外"双创"能力拓展两大课堂，把校内教育资源与当地乡土资源紧密结合起来，建立农科教结合、本土化发展模式，培养更多元的"双创"乡土人才。同时，深化校企校地校乡对接合作，共建"乡村产业学院""乡村创业教育实训基地"等，采取"订单式"人才联合培养方式，把课堂开在田间地头，将论文写在乡村大地上田园里，形成"校内+校外""田内+田外"的独具特色的"双创"教育模式，让学校"双创"教育及其人才培养更加接地气，为农业农村现代化输送更多高素质乡村振兴人才。

2. 构建多元"双创"教育教学课程体系

面对实施乡村振兴战略的新需求，地方高校要结合乡村发展的特点以及学校"双创"教育的科学性，以"双创"能力培养为中心，以创新思维与创业精神培养为主线，着力建构基于乡村振兴战略有效实施的"四层次""双创"教育教学课程体系。一是设置"双创"通识课程体系，让学生认识"双创"，了解掌握创新方法、创业内涵、创业理论等，培养他们具备乡村"双创"的基础知识和基本能力；二是设置"双创"意识与能力课程体系，培养学生投身乡村"双创"意愿及创新性思维；三是设置乡村"双创"专业指导课程体系，提升学生"双创"政策解读及乡村"双创"能力，引导他们结合乡村经济特点及区域特色，设计和选择适当的"双创"项目；四是设置乡村"双创"专题培训和实践课程体系，培养学生"双创"项目融资能力及乡村"双创"实践能力。这一"四层次"课程体系，支撑起学生知识、能力及素质结构，实现学生知识与能力共生、应用与创新协同的新型"双创"人才培养目标，为乡村振兴战略有效实施提供强大人才资源支撑。同时以乡村振兴战略有效实施的需求为教学导向，加快乡村"双创"实践平台建设，鼓励社会全员参与，促进师生"双创"成果成功转化。组建乡村振兴服务团、公益"双创"导师团，建立创客训练

营、专家服务驿站，吸引更多学生扎根乡村，投身"双创"实践。

3. 打造个性化"双创"人才培养生态圈

针对乡村振兴战略实施提出的新要求，地方高校要及时改革自身"双创"人才培养模式，主动对接现代农业科技园、特色农业试验区、乡村振兴研究院等多个研究平台，为强化学生"双创"应用能力及综合素养创造更大发展空间。以"双创"实践能力提升为本，邀请乡村振兴领域专家学者、乡村创业企业精英，全过程参与"双创"教育教学，引导学生学会自主、合作、探究和创新学习，培养一大批"懂农业、爱农村、爱农民"的高素质"双创"人才。及时改革传统单一的分数评价模式，采取形成性、达成性、实践性等多元"双创"教育评价方式，持续健全校内外、课内外互动循环评价考核体系。健全"双创"学分积累与转换制度，将投身乡村"双创"实践折算成学分，吸引更多有"双创"潜质或强烈意愿的学生走上乡村"双创"之路，让他们在乡村"双创"实践过程中更加充分释放创造活力、激发创业潜力。制定个性化育人方案，以"双创"项目、学科竞赛为抓手，结合学生兴趣、专业特点以及不同年级学生发展需求组建"双创"团，资深"双创"导师以阶段化的方式提供针对性指导。重点培育有潜质投入乡村"双创"实践的学生，将来自乡村"双创"实践的鲜活案例植入课程中，让"双创"人才的培养更具生长力。

4. 争取"双创"人才可持续发展资源

地方高校要深挖一切有利的校内校外资源，在"双创"教育中最大限度地发挥这些资源优势，着重强化学生"双创"意识、知识、思维及技能等要素培育，积极鼓励有"双创"潜质和强烈意愿的学生参与"双创"实践，强化行为习惯养成、团队协作、人际交往等能力训练，让他们具备可持续发展的综合素养和能力，为乡村"双创"实践提供良好孵化环境。拓展校外资源，借助地方政府、企业或社会资源优势，引入乡村"双创"项目，建立乡村"双创"实践基地、孵化园等，扶持学生"双创"项目落地实践，提升项目存活率，既能让他们在"双创"实践中获取更大的成就感，彰显与实现自我价值，激发投身乡村"双创"实践的内生动力，又能促进乡村建设，有效推动乡村振兴战略的实施。强化与乡村企业、涉农电商、新型农业经营主体对接，联合打造"双创"平台、资源库、乡村建设试验地，整合、开放共享资源，形成多元合作、纵向贯通的"双创"人才培养体系。

（三）打造多维乡村"双创"实践平台，构建实践耦合发展机制

1. 积累乡村"双创"实践经验

地方高校要以"双创"教育课程为载体，全方位渗透乡村创新与创业元素，让大学生积累丰富的乡村"双创"实战经验，激发他们助力乡村振兴发展的内生动力。通过"双创"教育第一课堂，教育学生学会了解国情、社情、乡情，引导他们主动服务国家战略和乡村发展，使个人的发展与国家的发展同频共振，自觉融入农业农村现代化建设。指导他们紧扣农业产业、乡土文化、乡村生态等主题，撰写"双创"计划书，从中学会正确分析市场、科学融资、评估项目风险，让他们"双创"项目的实施更加具有可行性。通过"双创"教育第二课堂，强化团队"双创"行为、沟通表达、抗挫能力训练，组织广大学生开展"双创"实践系列活动，不断提高他们投身乡村"双创"实践的实战能力。

2. 打造乡村"双创"实践平台

地方高校要依托主题班会、校园文化、媒体宣传、社会实践等平台，着力营造浓厚的"知农、爱农、助农、兴农"校园文化氛围。优化校内校外资源，共建现代农业"双创"人才教育培训基地，配备1+N个指导教师，强化资金扶持，健全校内校外、线上线下、互融互通的乡村"双创"实践机制。共建乡村振兴产业学院、乡村创业实习实训基地，联合开办乡村振兴创业实验班、"新农人"创新实验班，联合举办乡村振兴创业大赛等赛事，强化乡村"双创"品牌建设，将浓厚的家乡情怀植根于学生内心，让他们更加自觉助力乡村振兴与发展。同时，围绕乡村垃圾处理、废弃物资源利用、绿色农业发展、饮用水安全、"新农人"培育等问题，开展乡村"双创"实践前瞻性探索。创新社会服务形式，采用知识、人才、咨询等服务模式，让乡村"双创"实践项目迅速落地。

（四）引导"双创"人才价值回归，构建价值耦合发展机制

地方高校在"双创"教育过程中要及时向广大学生广泛宣传投身乡村"双创"实践造福家乡的典型事迹，观摩返乡入乡创业示范项目和乡村优秀创业企业，引导他们树立"返乡入乡创业、带动致富、实现自我"的价值观，为投身乡村"双创"实践赋能。通过"双创"教育引导学生投身乡村"双创"实践，不仅可实现自我价值，还可带动乡村本土人才的发展。投身乡村"双创"的学生特别是出身农村的学生，对自小生活的环境有着深厚的感情，能帮助本土人才转变思想观念，拓展知识面，增强谋生技

能，引导他们对自己土生土长的地方产生更浓厚的感情和更强烈的干事激情，让他们从"授人以鱼"转向"授人以渔"，带动培育新型职业农民。同时，大学生投身乡村"双创"实践可以提供更多的就业岗位，留住更多"知农、懂农、爱农"的本土化农民，避免乡村更多劳动力向城市流动，让他们成为乡村振兴战略有效实施的"生力军"，有效破解乡村人才稀缺问题，为加快农业农村现代化提供人才保障。

三、地方高校"双创"教育与实施乡村振兴战略耦合发展机制的构建路径

乡村振兴战略的有效实施需要地方高校"双创"教育的多维支撑，以地方高校"双创"教育与实施乡村振兴战略的多维耦合为起点，着力构建教育、技能、载体、场域、秩序"五维一体"的耦合发展机制。

（一）以"双创"教育扶智助推乡村人才振兴

地方高校"双创"教育与乡村人才振兴耦合，本质在于以"双创"知识与技能为内容，向乡村人口提供"双创"教育，彰显高素质"双创"人才培育的本体性价值。从"双创"教育的个体功能来看，地方高校"双创"教育把个人的本体性价值变为经济价值，以劳动力的再生产促进乡村的经济增长，最终通过"双创"教育让乡村人口的"双创"知识、能力和思维意识与乡村产业发展需求相互匹配。具体的相关措施有：一是要完善精准化的"双创"人才培养体系。立足乡村三次产业发展实际需求，聚焦高素质"双创"人才培养，确保人才在"双创"教育与乡村振兴发展上的适用性，培养"实用—管理—技术"人才，为乡村振兴战略的深入实施提供坚强的人才保障。二是要建立特色化的"双创"专业集群。"双创"教育要针对乡村自然地理环境、人文习俗传统及产业发展的差异性，建立与乡村经济和社会发展相适应的"双创"专业群，强化专业群内课程、教学、师资等要素有机协调，加大差异化特色化教育力度，着力构建"产业需求—专业设置—培养内容—知识技能"人才培养逻辑。三是要搭建深度合作的校企"双创"育人平台。以共赢的理念来统筹推进与企业在智力、技术、资源等方面深层合作，实现双方价值互涉、功能互补与资源共享，为乡村振兴发展培育更多高素质人才。以新发展理念来加快推进高校、政府、企业、村社等多主体联动合作，深化产教融合发展，推动农业生产与服务及文化传承与创新等一体化，为加快农业农村现代化提供强有力的人才保障。

（二）以"双创"技能对接推动乡村产业振兴

习近平总书记指出："产业振兴是乡村振兴的重中之重，也是实际工作的切入点。"① 技能是乡村产业振兴的关键内容，地方高校"双创"教育与乡村产业振兴耦合，必须要以"双创"技能培养与对接促进乡村产业内生式发展。一是要以"双创"技能促进农业产业经济增值。地方高校要充分发挥"双创"教育优势，通过高质量发展"双创"教育带"双创"思想、知识、技能进村入乡，引领乡村传统的粗放型产业发展模式转变，大力发展"双创"产业，建立农业、工业和服务业互联互通的产业链，形成规模化、集群式的产业发展格局，促进乡村产业经济可持续发展。二是要激发村民"双创"潜能。乡村产业振兴需要"有文化、懂技术、会经营"的新型职业农民来支撑。地方高校"双创"教育与乡村产业振兴耦合要求"双创"教育面向乡村，打造"双创"知识技能学习与实践场所，构建"校园+田园"联动育人课堂，形成从课堂到产业末端的全程教育培养体系，在提升村民知识水平的同时注重培养其"双创"潜能。同时，还要遵循"技能+文化"育人路径，推动"双创"技能与乡土文化融合，拓展乡村三次产业发展新思路，开发新产品、建立新模式、构建新业态。以新的技术理念与方式手段激活村民对第三产业特别是传统文化产业进行内嵌式构建及潜能创新，构建支撑"知识—技术—文化"的"双创"产业网络体系，推动乡村产业高质量发展。

（三）以"双创"载体创新推动乡土文化振兴

地方高校"双创"教育与实施乡村振兴战略的耦合要通过"双创"教育来拓展乡土文化内在的价值，实现其空间和产业上的贯通。具体来说，就是要强化"双创"教育与乡土文化建设的关联，通过"双创"思想传承、知识传授及文化熏陶来传递乡村人文价值，确保与实施乡村振兴战略需求相匹配的思想理念在乡村落地落实：一是发挥教育承载的作用，完善乡村文明风尚内在价值。在"双创"教育中注重乡土文化价值观与民族精神的构建，在传授"双创"知识技能的同时将乡村传统伦理道德、民风民俗中的优秀精神和元素融入"双创"教育教学内容，重塑乡村文明新风尚。二是发挥承载空间的作用，用文化塑造乡土文化的物理和精神空间。依托学校与乡村互助共建的乡村振兴"双创"实践基地，着力打造村社文

---

① 习近平在2022年中央农村工作会议上强调：锚定建设农业强国目标，切实抓好农业农村工作［EB/OL］.https://www.12371.cn/2022/12/24/ARTI1671876176764975.shtml.

化活动中心、"农家书屋"等乡土文化物理空间，拓宽传统民族文化节日等乡土文化精神空间，把"双创"思想理念与乡村传统文化紧密结合起来，促进村民在习得"双创"知识与技能的同时传承乡村优秀文化，让他们在发展创新产业中有意识地融合当地乡土文化。三是发挥产业承载的作用，通过"双创"教育引领乡土文化产业发展。以传承和创新乡村优秀传统文化及文化经济可持续发展为使命，乡村优秀文化与三次产业融合发展为形式，深入挖掘传统古村落、田园风光、古迹遗址、民俗风情等乡村优秀文化资源，创办一批特色乡土文化品牌，不仅带动乡村经济发展，还满足人们日益增长的文化需求，弘扬乡村乡土文化。

（四）以"双创"绿色发展推动乡村生态振兴

乡村生态振兴的最终目的在于实现人与自然的和谐绿色发展，它须借助人的真实性与关系性的彰显支撑乡村振兴战略的实施。人与自然和谐共生是其中的关键，这也是高校"双创"教育的发力点。地方高校"双创"教育与实施乡村振兴战略的耦合，就是要确立人对自我与生态环境的真实性自然性。地方高校在"双创"人才培养上必须以促进乡村生态和谐发展为主要目的，通过"双创"教育引导学生思考自我与乡村生态环境，通过绿色生态技能教授、绿色生态课程开设来促进投身乡村"双创"实践的学生形成生态化生产方式，带动乡村绿色生态化发展，引导广大村民树立绿色发展生态观，养成健康、绿色生活消费方式，成为既有"三农"情怀又有绿色发展观的新型职业农民，进而推动乡村生态振兴。同时，作为一个庞大的系统，乡村生态内部各要素相互连接、影响，共同构成一个关联性极强的乡土社会。地方高校"双创"教育与实施乡村振兴战略的耦合必须把产业发展与绿色发展、经济增长与生态环境保护联系起来，改变它们相互对立的关系。通过行政引导、市场调节等途径，调整优化乡村产业布局，着力构建以"双创"教育为纽带的产业、人才、技术、文化等自然和谐的乡村生态圈。注重乡村生态资源整合能力教育，利用乡村自然资源和"乡艺、农耕、古居"等乡村元素，开发观光农业、休闲康养、生态教育等系列绿色生态"双创"产品和服务，促成绿色环保的乡村生态产业链，以产业与生活相结合强化村民环境生态保护意识，助推生态宜居和美乡村建设。

（五）以"双创"秩序建设推动乡村组织振兴

乡村秩序是乡村稳定及三次产业和谐发展的前提和基础。因此，乡村组织振兴的首要任务在于重新构建其组织秩序。地方高校"双创"教育与实施乡村振兴战略的耦合，必须要维持乡村组织秩序和谐与稳定。一是构建乡村多元治理格局，推动乡村基层组织规范化发展。以高质量发展"双创"教育为契机，进一步规范乡村基层组织。通过"双创"人才培养来统一各级乡村组织思想，构建规范的共同体，推进国家法制规范和文明道德真正落实到乡村。并以此为基础，广泛动员和引导广大村民尊重和传承本地的传统风俗风尚，促进乡村内部秩序自发形成，调节本地各种社会关系。二是挖掘"双创"教育协同优势，持续完善乡村基层组织机构。发动乡村组织与地方高校紧密联系，联合研发针对性较强的各类"双创"课程，助力乡村发展组织形态，延伸乡村教育链、人才链和组织链，带动乡村组织振兴。要吸收乡村优秀的风俗习惯、传统风尚、宗教道德等文化因素，健全"双创"人才培养体系，以特色专业化的"双创"人才推动乡村经济服务、文化传承、生态建设和行政管理有序发展，完善服务性、公益性和互助性的发展型乡村自治组织，推动乡村基层治理体系和治理能力现代化。

第二节　地方高校"双创"教育与实施乡村振兴战略耦合发展策略

一、耦合发展策略

"策略"一词国内最早见于管仲《管子·七法》："不明于计数而欲举大事，犹无舟楫而欲经于水险也。"这里的"计数"等同于现在的"策略"。由此可见，策略在决定事物发展方向及目标实现和效果达到方面具有极端重要性。"策略"在《辞海》中的解释为"计策、谋略；适合具体情况的做事原则和方式方法"[①]，在《现代汉语词典》中的解释为"结合形势变化发展而制定的行动方针和斗争方式"[②]。因此，"策略"可以解释为"计谋、战略、政策"等。

---

① 夏征农，陈至立. 辞海 [M]. 上海：上海辞书出版社，1977：152.
② 中国社会科学院语言研究所词典编辑室. 现代汉语词典 [M]. 6版. 北京：商务印书馆，2012：132.

"策略"国外最早源自希腊词 strategos，意指为将之道，也就是将军的用兵之法。艾尔弗雷德·钱德勒（Alfred D. Chandler）认为策略是组织设计的一个长期目标和决策，以及为实现这一目标所要采取的行动和方法。格鲁克（W. F. Glück）认为策略是为组织的目标实现而设计统一、协调、广泛和整合的一套计划。肯尼·安德森（Kenny Andersen）认为策略是目标的形式，以及目标实现的一种政策和计划。明茨伯格（H. Mintzberg）从不同角度诠释策略：一是一种计划。它是有目的性、预计性、组织性的一种行动程序。二是一种计谋。它是行动过程中的一种手段。结合环境和竞争对手的实际情况，以不同的举措实现战略目标，是战胜竞争对手的一种工具。三是一种模式。它是遵循组织行为的一种程序和规范。把它看成计划或模式的两种定义是相互独立的。在实践中，计划通常是还没有组织实施的，是一种构想；而模式则是事先计划形成的行为方式。因此可以说计划是设计的策略，模式是已实现的策略。四是一种定位。它是组织对所处环境的一种定位和判断。把它看成一种定位，就是要通过组织资源科学配置形成有效竞争力。五是一种观念。把它看成一种观念，表达组织对客观世界的固有认知，体现组织的价值取向。它着重强调策略的抽象性，以组织成员的期望和行为形成共有共享价值观念、文化观念和理想精神。

综上所述，我们可把策略理解为组织为实现所设定的目标而制定的运作途径。换言之，它是实现既定目标的一个方案集合，是根据变化发展的形势所制定的一个行动方针和一种斗争方法，是实现既定目标的一种方式方法，其特点在于具有明确的目的，有具体的行动安排，行动因情况变化而调整。策略无处不在，无论是做微不足道的小事还是要去完成一个宏伟的目标，策略都是强有力的保证条件，它会使完成目标的行动轨迹或行进脉络清晰可见，并可以根据实际情况不断进行调整优化，使目标更为容易，更快捷达成。

根据策略的定义及其内涵和特点，我们可以把耦合发展策略理解为：两个及两个以上事物（系统）为达到耦合发展这一目的而实行的有明确的目的、有具体的安排、会随不同情况而变化发展的一种方法和手段。地方高校"双创"教育与实施乡村振兴战略耦合发展策略则是为实现两者耦合发展这一目标，结合地方高校"双创"教育实际特点和实施乡村振兴战略的实际需求，审时度势、因地制宜、实事求是，提出地方高校"双创"教育与实施乡村振兴战略耦合发展的适当的方式、方法和手段。

二、地方高校"双创"教育与实施乡村振兴战略耦合发展思路

（一）健全扶持政策，统筹地方高校"双创"教育与实施乡村振兴战略耦合发展

在政府政策传导、推动作用下，地方高校"双创"教育与实施乡村振兴战略耦合才能协同发展。地方高校"双创"教育与实施乡村振兴战略得以耦合发展的各个环节离不开政策指导与政府统筹。针对现阶段边疆少数民族地区高校"双创"教育与实施乡村振兴战略耦合发展出现的政策扶持力不足等问题，需要政府进一步健全和完善扶持政策，统筹地方高校"双创"教育与实施乡村振兴战略耦合发展。

1. 强化地方高校"双创"教育政策支持

健全和完善财政扶持政策，将地方高校"双创"教育及学生投身乡村"双创"实践情况作为分配财政资金的重要因素，加大财政对高校及其"双创"教育的投入力度，提高财政资金使用效率和政策效能。进一步完善大学生乡村"双创"实践财税金融支持政策，落实大学生乡村"双创"实践减税降费政策，鼓励和引导金融机构创新产品和服务，按市场化商业化可持续的原则对乡村"双创"实践及项目提供金融服务。深化落实"双创"担保贷款及贴息政策，简化贷款申报审核流程，降低贷款利率，提高大学生乡村"双创"实践个人最高贷款额度。落实乡村"双创"实践帮扶政策，加大力度扶持投身乡村"双创"实践失败的学生，及时提供就业援助与社会救助服务。发挥政府部门统筹协调能力，形成完善的政策作用机制，提高"双创"政策质量，增强政策对大学生乡村投身"双创"实践的吸引力。

2. 完善乡村"双创"政策环境

要立足乡村整体发展，提供完备优质的乡村"双创"支持服务政策、乡村"双创"人才培育服务政策等。落实大学生乡村"双创"保障政策，强化政府的引导支持，充分发挥市场的主渠道作用，鼓励乡村探索建立"双创"风险补贴、商业险保费补助等方式的大学生乡村"双创"实践风险救助机制，优化帮扶措施。优化乡村"双创"的实践环境，需要强化包括乡村水电、公路、网络等基础设施和农产品生产、物流、仓储及销售等专业设施在内的乡村基础设施建设。健全和完善包括乡村电商、农产品生产、销售、服务等在内的乡村公共服务政策，促进乡村三次产业融合发

展，为大学生投身乡村"双创"实践提供良好的发展环境，进而统筹高校"双创"教育与实施乡村振兴战略的耦合发展。

（二）培育乡村"双创"主体，引导地方高校"双创"教育与实施乡村振兴战略耦合发展

在人才传导、社会带动作用下，地方高校"双创"教育与实施乡村振兴战略耦合发展才能有效进行。乡村"双创"主体是乡村振兴十分关键的要素，实施乡村振兴战略迫切需要一支信仰坚定、素质过硬的"双创"人才队伍发挥引领作用，带头实现产业、人才、文化、生态和组织"五大振兴"，地方高校的大学生就是其中的优秀代表。因此，地方高校通过高质量发展"双创"教育，把大学生培育成为引领实施乡村振兴战略及推动乡村振兴与发展的"双创"带头人，引导地方高校"双创"教育与实施乡村振兴战略耦合发展就显得尤为重要。

1. 扶持壮大乡村"双创"主体

大力实施乡村"双创"人才振兴工程，通过专家指导、技术培训、科技讲座等方式，加强乡村"双创"实践技能与职业培训，提高乡村现有人员"双创"实践意识与能力，加速培育实用性较强的乡村新一代"双创"人才。大力培育合作社带头人、家庭农场经营者、返乡入乡农民工、返乡入乡大学生等乡村"双创"主体，扶持一批乡村"双创"工匠。积极引导乡村"双创"主体基于当地特色产业发展的实际需求进行"双创"商机挖掘和资源利用，提升"双创"产业经营效率。鼓励乡村"双创"主体联合经营，成立乡村"双创"产业集团，带动小农户专业化生产，实现产业集群发展。联合成立乡村"双创"一体化联盟，为高校"双创"教育与实施乡村振兴战略耦合发展提供更加广泛的主体力量。

2. 重视乡村"双创"主体培育

以地方高校的大学生为重点来培育乡村"双创"的主体，深化"双创"教育改革，强化面向"三农"的"双创"教育体系建设，通过订单培养、专题培训等途径，创建"高校+企业""农场主+学生""管理+技术""课堂+乡田""'双创'精英+专职教师"等人才培养模式来培养大批"懂农业、爱农村、爱农民"的乡村"双创"实践领军人才。除了地方高校大学生，还要将培育对象拓宽到退伍退役军人、职业农民、专业合作社、家庭农场。采取灵活多样的乡村"双创"教育与培训方式，加强对以高校大学生为代表的乡村"双创"主体带头人的培育，着力提升其农业生

产技术水平和企业经营管理理念，为地方高校"双创"教育与实施乡村振兴战略耦合发展提供人才、技术支撑。

（三）优化乡村"双创"要素，促进地方高校"双创"教育与实施乡村振兴战略耦合发展

在技术传导、市场驱动作用下，地方高校"双创"教育与实施乡村振兴战略耦合才能良性循环发展。地方高校通过"双创"教育来引导大学生投身乡村"双创"实践，要以乡村发展产业需要为牵引，人才、知识、技术、资金等要素协同支撑，优化配置产业发展资源要素，吸引更多的要素和资源流入乡村，促进地方高校"双创"教育与实施乡村振兴战略耦合发展。

1. 提高"双创"土地要素的资源使用率

盘活土地要素，进一步提升土地资源的使用率。加快乡村集体产权和土地三权分置改革，强化土地承包经营权、宅基地、土地流转市场等规范管理，加快集体经营性建设用地入市，为大学生投身乡村"双创"实践提供使用率更高的土地资源要素。

2. 壮大劳动力要素的乡村人才队伍

劳动力是乡村产业振兴和发展的关键性要素。通过高质量发展"双创"教育，输送大批习得产业新知识与"双创"新技能的乡村产业"双创"经营主体，带动他们积极推广新技术、发展新业态，更好发展现代化农业。通过高质量发展"双创"教育，引导以大学生为代表的"双创"人才队伍向乡村集聚，鼓励更多"双创"经营主体返乡入乡创业、任职，充实乡村人才队伍，为大学生投身乡村"双创"实践与乡村振兴发展产业提供更多、更高素质的劳动力。

3. 完善"双创"资金筹措机制

多渠道开拓乡村产业"双创"资金筹措途径，强化与地方政府联动，保障更加充足的财政资金优先投入乡村，用在"双创"产业发展上。通过基金、担保等不同方式，吸引更多的社会资本投入乡村"双创"产业建设。可以将乡村土地、文化、生态资源等资产证券化和资本化，为地方高校"双创"教育与实施乡村振兴战略耦合发展提供资金要素保障，促进两者良性循环发展。

（四）构建乡村产业融合发展体系，推动地方高校"双创"教育与实施乡村振兴战略耦合发展

只有各要素融合、多方面联动，地方高校"双创"教育与实施乡村振

兴战略耦合才能持续发力。地方高校"双创"教育与实施乡村振兴战略既要融合人才、知识和技术等要素，带动乡村产业融合发展，又要激励政府、乡村、学校、个人等各种主体积极参与。针对目前大学生乡村"双创"能力和乡村产业发展竞争力不足和耦合效果不够明显等问题，构建乡村产业融合发展体系，推动地方高校"双创"教育与实施乡村振兴战略耦合发展是解决这一问题的关键。

1. 搭建乡村产业融合基地和平台

乡村产业融合发展有利于提升乡村产品附加值和价值链。强化乡村产业融合基地和实践平台建设，结合乡村农产品生产各个环节，挖掘其品牌优势，加快发展农产品加工业，形成多种要素集聚、主体推动、业态创新的乡村产业融合格局。延长乡村产业链，创新乡村旅游、休闲农业、休闲康养和乡村物流等现代多功能新产业新业态。加快乡村电子商务发展，建设不同要素集聚的具有特色功能的产品基地，提升乡村产业发展效益，推动地方高校"双创"教育与实施乡村振兴战略耦合发展所需的乡村产业振兴链条持续发力。

2. 建设乡村现代产业融合发展体系

乡村"双创"实践是基于乡村产业发展实际情况选择进行的一种行为。因此，要以大学生投身乡村"双创"实践助力乡村振兴战略的有效实施，就必须重视乡村产业特点及其振兴需求，因地制宜，优化配置资金、人才、技术、土地等资源，推动乡村三次产业转型升级和深度融合。重视地方高校"双创"教育培训及"双创"孵化平台、金融服务组织以及相关产业技术协会的帮扶作用，调动大学生投身乡村"双创"实践以助力乡村振兴战略实施过程中出现的内在推动、外在拉动因素，叠加这些资源要素，发挥其最大化作用。地方政府还需要着力建设产业融合示范园，加快现代乡村产业融合发展体系构建，推动乡村产业振兴发展，吸引更多包括高校大学生在内的乡村产业经营主体投身乡村振兴发展，进而推动地方高校"双创"教育与实施乡村振兴战略耦合发展。

三、地方高校"双创"教育与实施乡村振兴战略耦合发展策略

地方高校"双创"教育与实施乡村振兴战略在耦合发展过程中互相影响、相互促进，形成全方位、立体化的一种共生体。因此，根据两者的耦合关系，在当前深入实施"众创"和"乡村振兴"双重战略的时代背景

下，可将发展地方高校"双创"教育作为实施乡村振兴战略的着力点，加快构建协同发展的一种耦合动力机制，优化配置"双创"教育各方资源，推动"双创"教育高质量发展。结合"双创"教育的鲜明特点，可从目标、内容、过程和评价四个方面制定两者耦合发展的策略。

（一）完善自上而下的目标体系，实现目标耦合

目标是"使命的具体化，是一个组织在一定时间内奋力争取达到的、所希望的未来状况"①。它为行动及检验未来的结果指明了方向、提供了依据。只有充分发挥"双创"教育在助推实施乡村振兴战略中的耦合动力源作用，才能通过目标耦合让其在两者的耦合发展中真正起到引领作用。因此，必须将"双创"教育目标纳入乡村振兴战略中，形成自上而下的目标体系。一是在学校顶层设计层面，紧紧围绕"培养什么人""怎样培养人""为谁培养人"这一根本问题，深入调研"双创"人才需求，立足培养目标和服务面向，优化人才培养方案，着力培育与乡村经济与社会高质量发展需求相匹配的高素质"双创"人才。站在培养服务国家创新驱动发展战略与乡村振兴战略人才需要及促进大学生"双创"素质全面提升的高度，将乡村振兴理念融入高校"双创"教育及人才培养全过程的各方面，强化大学生投身乡村"双创"实践的价值、精神及能力等方面知识的灌输和传授，既可提升学校"双创"人才培养核心内涵，又可为乡村振兴发展输送大批高素质"双创"人才，进一步激活乡村经济发展的内生动力，助推乡村振兴发展驶入"快车道"，实现 1+1>2 的良好功效。二是在专业层面，聚焦实施乡村振兴战略对高素质人才的需求，开设生物育种、智慧耕地、农产品加工、种子科学与工程、农林智能装备、环境学等"农业+"系列专业。围绕农业农村现代化发展需要，因校制宜开辟云计算、人工智能、大数据、网络直播及乡村规划设计等新兴专业，着力培养多元化的"双创"人才。三是在课程层面，紧扣实施乡村振兴战略对人才能力的要求，坚持以"守正创新"为指导思想，超前设计设置通识课程、基础课程、专业课程、"双创"课程、职业拓展课程、实践教学及公共选修课程，将"双创"教育与第一课堂、第二课堂打通融合培养，构建科学合理的"双创"人才培养课程体系，推动"双创"教育与实施乡村振兴战略耦合发展。

---

① 王新宏. 现代管理学 [M]. 天津：天津大学出版社，2008：186.

（二）构建乡村振兴理念引领下的融合机制，实现内容耦合

内容是"构成事物的一切内在要素的总和，也就是事物内在各才盾及其所决定事物的特性、成分、运行过程和趋势的总和"[①]。内容耦合是地方高校"双创"教育与实施乡村振兴战略耦合的重要因素。地方高校要将乡村振兴的理念及其内容渗透到"双创"教育全过程的各方面，加快构建以乡村振兴理念为引领的显性教育与隐性教育相融合的机制。显性教育融合是按照实施乡村振兴战略对人才的需求的类别，依托不同院校的学科特色以及专业优势，将乡村产业、人才、文化、生态、组织"五大振兴"方面内容融入"双创"教育教学及管理体系，包括将乡村振兴理念以及元素融入人才培养计划、纳入"双创"人才培养方案，研发乡村振兴"双创"融合课程，单设乡村振兴"双创"实践实训项目，开设乡村振兴"双创"实验班、"新农人"创新实验班，举办与乡村振兴相关的"双创"大赛、创客大赛和创意大赛，打造极其具有乡村振兴理念和氛围的校园文化。隐性教育融合则是把乡村振兴的理念及元素融入"双创"教育教学管理工作，在课程设计上加入乡村"双创"意识启蒙及能力培育，在课堂教学中加入乡村"双创"实践成果展示，在实践教学中加入乡村"双创"实践实训基地体验等。它可分为将乡村振兴的元素融入所有学校教育特别是"双创"教育全过程的教学融合和将乡村振兴的理念融入学校管理各方面的管理融合，即地方高校"双创"教育不仅要培养大学生的乡村"双创"精神、意识及实践能力，还要提倡全校教职员工聚焦实施乡村振兴战略开创性地开展各类教育教学活动和管理服务工作。

（三）优化全程协同的保障措施，实现过程耦合

作为现代组织管理的一个最基本概念，"过程"在 GB/T19000—2016《质量管理体系基础和术语》中的解释为"利用输入实现预期结果的相互关联或相互作用的一组活动"。过程控制又称实时控制，其目的是确保过程符合期望要求，当遇到问题时需要采取行动以纠正及维持稳定绩效，它的核心是要消除或削弱导致异常问题的因素，从而取得最佳效果。地方高校"双创"教育与实施乡村振兴战略的耦合发展效果需要完善过程控制来保障，这就要求两者在耦合过程中必须互相支持、携手共进、协同发展。一是教育教学过程协同。地方高校"双创"教育要以立德树人作为根本任

---

① 延勃，等. 哲学辞典 [M]. 长春：吉林人民出版社，1983：189.

务，将其与乡村情怀教育紧密结合。所有教育教学活动都要渗透对学生"双创"素质以及乡村"双创"实践能力的培养，所有"双创"活动都要结合专业知识教育，并积极融入乡村振兴相关的思政元素。强化"双创"教育思想引领，引导更多的大学生投身乡村"双创"实践，投入乡村振兴主战场。二是实践平台协同合作。"双创"实践平台建设要增设乡村"双创"实践项目或校企合作共建"乡村创新工坊"，为大学生乡村"双创"实践提供专业场所及资源。要围绕乡村振兴急需的技术、产品或项目，结合各地乡村产业发展实际，对接学科专业，分类施教，分层教学，提供精准化个性化教育。依托地方高校资源与优势，强化与地方政府协同，联合培养乡村"双创"人才。探索产学研用协同创新，成立协同创新中心，共建科技产学研合作示范基地、校企实习实训基地等，全方位、全过程、各方面开展产教融合协同育人，助力"双创"教育与实施乡村振兴战略耦合发展。

（四）构建助力乡村振兴战略实施的模式，实现要素耦合

要素是事物构成中不可或缺的因素，是维持事物运行的必要最小单位，是事物形成、变化、发展的动因。地方高校"双创"教育与实施乡村振兴战略的耦合发展需要特定的模式来保障，这就要求两者在要素耦合上着力发展可以助力乡村振兴战略实施的四大模式。

1. 促进乡村人才振兴的"农民+专家"模式

地方高校在高质量发展"双创"教育过程中要注重举办"新农人"技能培训及相应的新型职业农民教育。通过大学生支援西部、"三支一扶"、"大学生村官"工作等项目，与优秀乡村创业企业开展校企联合乡村振兴项目，强化"新农人"技能培训。通过选派"三区"科技人才、科技特派员深入乡村，成立乡村振兴专家团队、乡村振兴博士工作站，强化新型职业农民教育，为乡村社会与经济高质量发展提供乡村振兴智力支持。

2. 促进乡村科技振兴的"科技推广+信息技术"模式

地方高校"双创"教育教学科研成果极具社会效应和经济效益。把这些成果转化应用到乡村振兴实践中，可加快科研成果在乡村应用推广，促进科技成果价值实现最大化，为实施乡村振兴战略提供强有力的科技支撑。依托高校"双创"教育起步比较早、"双创"教育成果比较丰富等优势，强化与涉农企业、农业合作社、家庭农场在科研成果转化、技术咨询服务等方面的帮扶与合作，构建校企、校村、校社科技服务模式，为助力

乡村振兴战略实施提供科技支撑和服务保障。

3. 促进乡村文化振兴的"乡土文化+乡村旅游"模式

地方高校"双创"教育要紧密融合现代农业文化，运用"双创"文化资源为乡村文化产业的发展提供智力支持。深挖和包装乡村特色文化产业及品牌，强化乡村优秀传统文化方面的"双创"成果推广与应用。对接乡村旅游文化产业发展实际需要，深挖乡村人文旅游资源，打造乡土文化创意产业集群，推动文化与创意农业、乡村旅游结合，以学校现有"双创"科技成果带动和改造乡村特色文化，打造一批文化"双创"实践项目，助力乡村文化振兴。

4. 促进乡村生态振兴的"科研项目+乡村宜居生态"模式

地方高校要立足农业农村发展现状，从生态安全等方面深入开展"双创"教育实践活动，为乡村振兴和绿色发展注入强大的科技创新动力活力。加大生态科研创新力度，鼓励师生从生态宜居角度开展科学研究，打造创新科研项目与团队，如提供有机稻米种植及稻谷储藏加工技术的水稻栽培团队、提供有机施肥体系建立及稻草低温腐解还田技术的黑土地保护团队等，不仅为实现农业高产高效、生态安全提供技术支撑，还通过"双创"科研新技术模式示范，促进了当地乡村宜居生态的发展。

第三节 地方高校"双创"教育与实施乡村振兴战略耦合发展路径与措施

依循耦合发展要素、关系、环境等多维分析框架，地方高校"双创"教育与实施乡村振兴战略实现耦合发展的基础在于培育合格的耦合要素、关键在于构建适当的耦合关系、保障在于打造良好的耦合环境。立足"双创"教育与实施乡村振兴战略耦合发展过程中存在的困扰与阻碍，探究两者耦合发展的基本路径与主要措施。

一、地方高校"双创"教育与实施乡村振兴战略耦合发展的路径

（一）培育合格耦合要素，回归"双创"教育的价值本体性

在地方高校"双创"教育与实施乡村振兴战略耦合发展的过程中，培育"双创"教育这一耦合要素处于基础性地位。要把它培育成为合格的耦

合要素，彰显其助力乡村振兴战略实施的作用与价值，最根本的就是要定位明晰，回归自身价值本体性。地方高校要紧扣"培养什么人""怎样培养人""为谁培养人"这一根本性问题，立足培养目标和服务面向，优化细化人才培养方案，明确与实施乡村振兴战略需求互相吻合的"双创"教育目标及人才培养定位。在"双创"教育目的上要始终坚守"为振兴乡村而教"的价值理念，也就是按"三农"发展规划，把服务乡村振兴战略、助力乡村振兴与发展作为当前高质量发展"双创"教育的定位。在"双创"人才培养定位上要优化调整培养目标，从"单一面向"转向"多重复合"，即将原来以培养学生的创新精神、创业所需要的能力素质为目标的"双创"人才调整为培养兼顾创新技术、创业技能、现代农业生产及新兴产业运营与管理的全面发展的多元化复合型"双创"人才。在服务思维方式上要正确认识"双创"教育在助力乡村振兴战略实施、服务乡村振兴发展中的战略作用与价值，给予应有的重视和足够的资源支持，以科学的战略思维和新发展理念引领"双创"教育助推乡村振兴战略有效实施。

（二）构建适当的耦合关系，强化"双创"教育与实施乡村振兴战略供需精准对接

为与实施乡村振兴战略形成良好的耦合关系，地方高校"双创"教育要以农业农村现代化发展需求为依托、乡村振兴战略有效实施为引领，紧抓关键点，着力推进与实施乡村振兴战略供需精准对接。在专业建设上要从乡村产业结构、规划及需求出发，设置涉农涉经企业经营管理等学科，开设"农业+"专业，开辟大数据、网络直播等新兴专业，打造专业链并开发、提供相应实用课程，将"双创"教育贯穿所有学科专业建设，构建与实施乡村振兴战略相适应的"专业+""双创"课程体系。在"双创"师资建设上要对标实施乡村振兴战略的需求，选聘乡村"双创"成功的企业家及"新农人"能手等涉农专业人才到校任教，鼓励教师到乡村或"三农"企业挂职，从事与"三农"相关的"双创"实践工作，配齐建强"双创"教育师资队伍，弥补"双创"教育师资力量薄弱的短板。在"双创"实践上要围绕乡村振兴产业发展实际需求，探索校企产学研用协同创新之路，以协同成立乡村振兴产业学院、乡村振兴创客中心、乡村振兴产业创业孵化基地、乡村创业实习实训实践基地等为载体，深化产教融合协同育人，对接融合教育链、人才链、产业链和创新链，打造具有地方高校"双创"教育特色的发展模式，助推乡村振兴战略有效实施。

（三）创建软硬兼具的耦合环境，保障"双创"教育与实施乡村振兴战略耦合发展

地方高校"双创"教育与实施乡村振兴战略实现耦合发展的一个重要保障在于政府政策制度及乡村环境建设。各级政府要根据各地乡村优势产业、特色产品以及人才实际需求，加大"双创"教育投入力度，设立专项教育基金予以支持。乡村要深度挖掘当地特色产业资源优势，发展特色产业企业，打造极具地方特色的产业群，持续壮大产业规模、完善产业链条，推动三次产业融合发展，激活乡村经济市场活力和"双创"元素。各级地方政府要结合乡村振兴所需要的人才质量、结构、类型，与地方高校共同商讨修订服务乡村振兴发展的"双创"育人实施方案，制定针对性强、实效性高的"双创"教育扶持政策，特别是激励大学生积极投身乡村"双创"实践方面的政策措施，扩大政策优惠范围，健全全过程各方面帮扶政策体系。乡村要争取国家更多政策、项目及资金来完善乡村公共设施，加强乡村交通、物流、网络、通信等基础设施建设，强化乡村公共服务供给，优化乡村教育、医疗、卫生等服务配置，进一步健全养老、子女教育、住房等服务保障。借助互联网、数字化媒体等新兴载体，广泛宣传乡村"双创"实践先进事迹，教育和引导家庭和学生摒弃"跳农门"传统思想观念和"铁饭碗"择业观念，为地方高校"双创"教育与实施乡村振兴战略耦合发展创建良好环境。

二、地方高校"双创"教育与实施乡村振兴战略耦合发展的主要措施

在当前全面推进乡村振兴的新发展阶段，地方高校"双创"教育与实施乡村振兴战略要实现耦合发展，就必须要求地方政府、高校、乡村、家庭和学生五方联动、齐抓共管，顺应高质量发展新要求，紧扣国家"双创"及乡村振兴战略的实施，"五位一体"协同寻求两者耦合发展的有效措施。

（一）政府导向

在整个国家治理架构中，"政府治理处在第一线位置，国家治理的很多目标通过政府的治理来实现"[①]。政府是地方高校"双创"教育的领导者和管理者。地方高校"双创"教育与实施乡村振兴战略耦合发展的成效很

---

① 厉以宁，吴敬琏，周其仁，等. 读懂中国改革：新常态下的变革与决策［M］. 北京：中信出版社，2015：254-255.

大程度上取决于政府的政策导向。地方政府应从实现"两个百年奋斗目标"的高度出发，重视地方高校"双创"教育在实施乡村振兴战略中无可替代的重要地位，从顶层设计层面来完善政策制定与保障实施，强化地方高校"双创"教育与实施乡村振兴战略的耦合关系，提升它们的耦合度。

1. 强化政策顶层设计

地方政府要强化顶层设计，健全地方高校"双创"教育与实施乡村振兴战略政策体系，适当增加与地方高校"双创"教育相关的法律法规，更加规范"双创"教育过程，对它的培养目标、管理体系、教育机制、效果评价等提出具体的指导性意见，引导社会各方力量与地方高校深度合作，着力打造校政校企校村协同育人的"双创"教育模式及工作机制。立足乡村地理位置优势、特色产业发展需求，明确"双创"教育发展方向、培养目标、对外合作机制。结合各地高校办学优势、特色学科专业及其发展特点，布局设计不同院校"双创"教育的重点方向，提升"双创"教育的整体发展水平。在评价"双创"教育成效的过程中注重考核其与乡村产业经济的关联情况以及对乡村振兴的贡献度。结合乡村产业结构、农业发展实际、财政实力以及大学生知识能力，制定可操作性强、实效性突出的乡村"双创"扶持政策。全面梳理和系统整合扶持大学生投身乡村"双创"实践的市场准入、财税降费、金融服务、用地租赁、社会保障等各类优惠政策，适度降低享受各项政策的门槛，逐步扩大政策优惠的辐射范围，让投身乡村"双创"实践的大学生在不同行业、不同规模、不同级别因素的影响下仍然能够充分享受政府政策的扶持，增强政策扶持的针对性和全面性。细化乡村"双创"政策，对政策中"适当提高""在同等条件下"等条款要做出明确规定和细化处理，增强大学生投身乡村"双创"实践相关政策待遇的可操作性，保持政策实效性和长期性。深化"放管服"改革，协调各部门各方面关系，简化审批流程，开通绿色通道，强化大学生投身乡村"双创"实践各项扶持政策、落实环节的调度协调与相互衔接，让各项政策真正惠及每个投身乡村"双创"实践的大学生。

2. 加强人力财力保障

大多数发展中国家"政府在引导经济与社会发展进程中起主要的作用"[①]。作为服务区域社会高质量发展的主要力量，地方高校助力乡村振兴

---

① 梅里利·S. 格林德尔，约翰·W. 托马斯，陈振明. 公共选择与政策变迁：发展中国家改革的政治经济学 [M]. 黄新华，陈天慈，译. 北京：商务印书馆，2016：64-66.

战略有效实施是自身的使命及高质量发展的需要。因此，政府要在地方高校"双创"教育与实施乡村振兴战略耦合发展中提供服务和保障，而非一直"掌舵"①。地方政府应加大人力财力投入保障力度。健全地方高校"双创"教育助力乡村振兴战略实施人才支持制度，设立地方高校"双创"教育助力乡村振兴战略实施管理办公室等专门组织机构，采用内培、外引等方式建立助力乡村振兴战略实施人才队伍，并将其分派到各高校以指导、监督其"双创"教育助力乡村振兴战略有效实施具体工作。完善学校"双创"教育经费支持制度，将地方高校"双创"教育助力乡村振兴战略实施纳入各地政府预算，建立长期的、持续的、稳定的资金扶持机制，对主动积极助力乡村振兴战略实施的学校给予更多的经费投入，对有利于"三农"的"双创"项目给予更大财政支持。严格按国家政策要求落实投身乡村"双创"实践学生的政治待遇，完善财政制度，给予相应财政补贴；完善信贷管理制度，优化简化贷款手续，放宽贷款条件，延长还款期限；结合地方农业特色和产业优势资源，鼓励金融保险机构设立乡村"双创"专项基金，面向投身乡村"双创"实践的学生提供无息低息担保贷款服务；完善减税降费制度，减免学生乡村"双创"实践项目税收费用；落实创业场地制度，通过采取租赁承包、土地入股等形式为投身乡村"双创"实践的学生提供场地支持。要健全风险容错机制，建立风险储备金，帮助投身乡村"双创"实践失败的学生减轻"沉没成本""错误成本"。

3. 强化多方联动治理

亨利·艾茨科维兹（Henry Etzkowitz）指出，"三螺旋"理论研究的是大学、产业、政府三者的动力关系以形成知识、行政、生产三领域的合力，促进社会的发展②。在地方高校"双创"教育与实施乡村振兴战略的耦合发展过程中，政府作为具有宣传导向作用的机构，应发挥政策导向作用。地方政府除了要发挥自身的优势，协调各方资源，强化政策顶层设计整体性和系统性及宣传力度，加强人力财力保障，充分发挥政府在大学生投身乡村"双创"实践过程中的监督作用之外，还要摒弃传统思想，转变职能，强化与地方高校、乡村联动。依托高校"双创"教育智力优势，整

---

① 珍妮特·V.登哈特，罗伯特·B.登哈特.新公共服务：服务而不是掌舵 [M].丁煌，译.北京：中国人民大学出版社，2004：27, 168, 183.

② 亨利·埃茨科维兹.三螺旋创新模式 [M] //亨利·埃茨科维兹文选.陈劲，译.北京：清华大学出版社，2016：326.

合政府和乡村政策、场地、资金等资源，联合成立政府—高校—乡村三方协同共建的乡村振兴产业学院、乡村振兴创客中心、乡村科技创新孵化基地以及乡村"双创"实践基地等常态化、综合性平台，优化配置资源平台，将"输血式"服务乡村振兴变为"造血式"服务乡村振兴。依托高校"双创"教育师资优势，集聚乡村产业"双创"领域专家、学者，组建高水平专家团队，强化乡村"双创"教育理论与实践研究，提供具有针对性的助力乡村振兴战略实施方案，在乡村产业、人才、文化、生态、组织"五大振兴"方面提供人才培养、咨政研究、科果转化、品牌推广等各方面服务。组织各类院校成立"双创"教育共同体，结合具体实际情况制定极具针对性的助力乡村振兴战略实施"双创"教育策略，协调好地方高校"双创"教育共同体、社会企业、农民和乡村团体之间的关系，做好多方面资源整合，充分发挥政府部门的示范性和主导性作用，通过高质量发展"双创"教育共同体来助力乡村振兴战略的实施。

（二）高校导向

习近平总书记指出："我国高等教育要心怀'国之大者'，把握大势，敢于担当，善于作为，为服务国家富强、民族复兴、人民幸福贡献力量。"① 地方高校要紧紧围绕"培养什么人""怎样培养人""为谁培养人"这一根本性问题，心怀"国之大者"，切实把融入助力乡村振兴战略实施，全面建设社会主义现代化国家作为办学使命，将服务地方经济与社会高质量发展作为办学任务，契合乡村振兴战略实施要求，强化"双创"教育顶层设计、完善"双创"教育体系、打造乡村"双创"教育实践平台，助力乡村振兴发展驶入"快车道"。

1. 强化"双创"教育顶层设计

地方高校要深入研读国家近年来出台的"双创"系列文件精神和乡村振兴系列政策，深刻把握"双创"人才培养内涵及乡村振兴的重要性，深入探究"双创"教育与实施乡村振兴战略的耦合发展，提高助力乡村振兴战略实施的主动性，切实承担起"双创"教育的主体责任。进一步厘清"双创"教育的宗旨与理念，发掘和利用乡村区位优势及资源禀赋，围绕乡村产业优势及振兴发展目标，研究制定与实施乡村振兴战略需求相匹配的"双创"教育实施方案。坚持需求导向，深入调研了解乡村振兴对"双

---

① 习近平在清华大学考察时强调：坚持中国特色世界一流大学建设目标方向 为服务国家富强民族复兴人民幸福贡献力量［EB/OL］.https://www.gov.cn/xinwen/2021-04/19/content_5600661.htm.

创"人才的需求，结合学校类别和发展情况及人才培养特点，高质量谋划"双创"教育，着力构建特色化、个性化教育模式，实现"双创"教育与实施乡村振兴战略需求相匹配。设立"双创"教育管理机构，统筹、规划和设计学校"双创"教育，加快协调有序的"双创"教育协同管理模式构建。通过第一课堂的顶层设计，分阶段将乡村振兴的理念融入"双创"教育，即大一以理论课程为主的"双创"教育，开展与"三农"有关的创新创意作品大赛，从实践中学生激发"双创"思维，树立正确的"双创"价值观；大二把培养的重心放到实践课程，以学生实践为主、教师指导为辅，强调动手实践，以小组形式展开实践教学，让广大学生在实践中体验乡村创新与创业，发现乡村"双创"商机；大三让高年级优秀学生走上实践课堂，与低年级学生面对面分享"双创"实践经验，到乡村产业基地亲身体验学习，参加各类乡村振兴"双创"大赛等赛事，以接近实战的形式锻炼"双创"技能和专业技能；大四则以进行各种乡村"双创"实践活动，自行完成"双创"实践设计为主，精准对接服务乡村振兴战略需求。

2. 完善学校"双创"教育体系

地方高校要紧扣全面推进乡村振兴这一时代大主题，持续深化"双创"教育改革，将乡村振兴理念与乡村"双创"融入学校人才培养计划，纳入学校"双创"教育体系。转变教育教学观念，创新教育方法和教学手段，探索乡村振兴理念与技能全面融入"双创"教育课堂，推进课堂教学与实践实训有机融合，强化学生"双创"价值观教育。主动对接乡村振兴规划，加强"双创"教育的学科研究，完善"双创"教育基础课、专业课、实践课学科建设，针对实施乡村振兴战略研发乡村"双创"系列学科，加快形成"专业课+创新课+创业课"学科体系。对接乡村产业结构升级发展需要及"双创"人才培养要求，以"三农"领域和经济管理专业为重点，设置农产品种植等"涉农+"专业，开辟微商、电商等新专业，开设乡村创业与农业创新等一批乡村"双创"实践必修课，健全"双创"学分转换、乡村振兴"双创"项目纳入学分范畴等制度，加快构建学习目标与能力塑造相契合、理论学习与实践训练相融合、"双创"意识与素质双提升的课程体系。配齐乡村"双创"教育师资队伍，探索"双创"导师基地建设，强化"双创"专业培训，提高教育技能。探索"驻企""驻校"制，选聘乡村"双创"实践成功的企业家和"新农人"能手等涉农专业人才到校任教，鼓励广大"双创"教师到乡村实践、到"三农"企业锻炼、到涉农科技园挂职，打造一大批具备扎实"双创"理论和丰富乡村"双创"经验的师资队伍，助推"双创"教育与实施乡村振兴战略耦合发展。

3. 打造乡村"双创"教育实践平台

学生从被动的求职者向主动的投身乡村振兴事业建设者转变，需要依靠强大的顶层设计、健全的教育体系和实用的实战演练。这就要求地方高校"双创"教育必须要有平台来支撑，以平台串联起政府、高校、企业行业、乡村的特殊作用，在实战中锤炼大学生乡村"双创"实践品质。地方高校在校内要科学合理建设"双创"实验室、创业孵化基地、"双创"示范基地等，打造多元"双创"教育实践平台；在校外要充分挖掘和整合学校、政府、企业行业以及乡村等多方主体的资源，采取地方高校提供"双创"技术、政府确保"双创"资金、乡村提供"双创"场地、学生参与、企业行业投入运营的方式，合作共建乡村振兴学院、乡村科技创新示范基地、乡村创客互动空间等，构建校地、校校、校企、校村等多元化合作的"双创"教育实践平台。通过"政府—高校—学生—企业行业—乡村"的"双创"教育实践平台，建设"'双创'教育+乡村科技创新"等项目，开展乡村产业实地调查、乡村创业项目、农业科技创新实践、乡村"双创"项目指导，开发优质的乡村振兴项目、挖掘更多的乡村"双创"实践项目，实现地方高校技术资源、政府财政资源、乡村市场资源与企业金融资源的精准对接。建立大学生乡村"双创"实践项目跟踪反馈机制，通过大学生创业者、企业行业、地方政府和乡村合作社的后续反馈，反哺学校"双创"教育，不断调整"双创"教育模式和实践方案，形成长期良性循环的"双创"教育优化生态链。以乡村"双创"教育实践平台为载体，开办乡村振兴创业实验班、"新农人"创新实验班，举办"互联网+""挑战杯""创青春"等与乡村"双创"相关的各类赛事活动，助力"双创"教育与实施乡村振兴战略耦合发展。

（三）乡村吸引

乡村良好的"双创"氛围及完善的"硬环境""软环境"，有利于吸引更多的大学生投身乡村"双创"实践，有助于提升他们创新与创业的成功率。因此，乡村要营造良好的创业氛围，优化乡村"双创""硬环境""软环境"，以此来吸引与促进地方高校"双创"教育与实施乡村振兴战略的耦合互动。

1. 营造良好的乡村"双创"氛围

乡村要根据地方所拥有的资源禀赋，利用地方独特的自然地理条件开发特色农产品、打造现代化农业，积极从中寻找合适的"双创"项目。紧抓国家优势特色产业集群、农业产业强镇建设良机，挖掘当地特色优质产业，发展当地优势产业和特色企业，打造形成极具地方特色的产业集群。以特色产业集群为基础，持续壮大产业规模、完善产业链条，推动乡村三次产业融合发展，吸引知名企业投资，为大学生投身乡村"双创"实践提供商机。积极探索建设乡村"双创"智库，建设乡村"双创"综合服务中心，实现乡村"双创"实践项目推荐、培训指导、营销管理、财税融资、贷款申请服务一体化。以"政府—高校—学生—企业行业—乡村"多元合作共建的"双创"教育实践平台为依托，多主体协作组织高校大学生举办乡村"双创"讲坛，邀请新型职业农民、农业企业家、农村"双创"实践成功的校友分享乡村"双创"实践经历和经验，举行乡村"双创"实践项目展示与推广，实地考察乡村产业园区、乡村创业园区，营造有利于大学生投身乡村"双创"实践的氛围。依托乡村振兴驻村第一书记和工作队员，组织乡村各级干部利用手机媒体、数字电视、互联网媒体等新兴载体以及微博、微信、抖音等社交平台，广泛宣传乡村"双创"实践各项政策红利、制度保障，实时发布乡村"双创"实践信息。通过树立榜样、表彰典型等多种方式，大力宣传大学生投身乡村"双创"实践的成功典型案例，系统营造推动投身乡村"双创"实践的社会氛围，以推动地方高校"双创"教育及大学生乡村"双创"实践，更好地为乡村振兴战略的实施服务。

2. 完善乡村"双创""硬环境"

"硬环境"主要是指乡村的基础建设。乡村要争取更多的国家政策、项目和资金来完善乡村道路交通、供电供水、信息通信网络以及物流配送等公共服务设施建设。以深入实施乡村建设行动为抓手，加快乡村道路建设与投入，常态化管理养护乡村公路。加快乡村供电供水工程建设与投入以及管网更新改造，完善污水处理配套设施建设。加快乡村数字化建设，加快乡村通信网络升级，科学布局5G、千兆光纤，建设"互联网+创业创新"等网络平台，以发展信息化、智能化的现代农村产业为载体，创新生产经营管理平台、智慧生产联盟及数据共享模式。健全乡村物流配送系统，加快农副产品综合加工、物流配送，激发乡村"双创"市场及其相关元素。结合城镇一体化建设发展需求，强化乡村公共服务供给，持续完善乡村教育、医疗和养老服务体系建设。增加乡村义务教育经费投入，改善义务教育"硬件""软件"条件，加快构建以普惠性资源为主的乡村教育公共服务体系。加快推进乡村医疗卫生服务"百千万"工程，进一步健全新时代乡村医疗卫生服务体系。加快以家庭养老为基础、社区养老为依托、集中养老为补充的养老服务体系建设，打造乡村养老服务圈，为大学生积极投身乡村"双创"实践构建一个良好的"硬环境"。

3. 优化乡村"双创""软环境"

"软环境"是乡村基础建设以外的如"双创"政策、文化、观念等外部因素和条件的总和。乡村要进一步完善"双创"信息服务机制，为投身乡村"双创"实践的大学生提供精准的市场信息及动态。建设信息服务专业平台，为投身乡村"双创"实践的大学生提供咨询服务以及乡村"双创"成功实例参考。建立乡村"双创"实践指导站，简化行政指导服务流程，联合当地政府部门为投身乡村"双创"实践的大学生开通绿色服务通道。针对投身乡村"双创"实践的大学生群体，精准建立乡村基层党组织、村（居）委、集体经济组织联系点，提供"一对一""双创"帮扶与政策支持。通过暑期大学生"三下乡""政务实习"等实践活动，让广大学生更加直观地感受乡村情况，增强服务乡村振兴战略的责任感使命感。要发挥社会新媒体的自身优势，通过树立乡村"双创"先进模范和投身乡村"双创"实践典型案例推介推广，打破传统思想观念，消除广大村民的偏见，形成良好的舆论氛围，增强大学生投身乡村"双创"实践的公众认可度。要通过发放"创新表现奖金"、评选"创业明星"等方式，选出乡村"双创"实践优秀人员和项目，对积极投身乡村"双创"实践的大学生予以适当的物质奖励和精神激励，营造有利于吸引大学生投身乡村"双创"实践的"软环境"。

（三）家庭支持

家庭作为社会的重要组成部分，对于激发大学生投身乡村"双创"实践的积极性、提升他们乡村"双创"实践的成功率具有重要作用。因此，家庭要摒弃传统思想观念，营造宽松教育环境，支持乡村"双创"实践，以此来助推地方高校"双创"教育与实施乡村振兴战略的耦合发展。

1. 摒弃传统思想观念

家庭是孩子的第一课堂，家长要解放思想，改变传统的"上了大学就等于拥有高薪铁饭碗"的想法，转变陈旧的就业择业观，多关注大学生投身乡村"双创"实践的成功案例，从思想上认识到投身乡村"双创"实践对于子女个人发展和社会进步的积极意义，并不只是扎根大城市、有份安稳的工作才是唯一的出路，尤其要意识到当前社会就业形势严峻，子女在就业市场面临的各种压力和不利因素让他们难以在大城市如愿就业，这时候的他们选择投身乡村"双创"实践既能施展个人才华，还能实现人生自我价值以及父母所盼望的"光宗耀祖"。家长要及时引导子女转变就业观念，让他们尽快适应多样就业方式。大学生要多与家人沟通和交流，说明投身乡村"双创"实践的计划和未来的发展前景等，让他们理解自己投身乡村"双创"实践具体、真实的想法，引导他们积极参与到这个投身乡村"双创"实践决策中。家长只有转变观念和心态，才能给予子女"双创"实践更多的精神支持和物质帮助，提升他们投身乡村"双创"实践的信心。同时，通过家人的辐射与影响，还能带动身边的亲属和邻居转变传统观念，减少舆论非议，营造支持大学生投身乡村"双创"实践的良好环境与氛围。

2. 营造宽松教育环境

家长要转变传统家庭教育观念，正确认识到找到一份好工作不是唯一的出路，拥有全面发展的能力特别是"双创"能力才是最终守业的根本。要改变传统的思维观念和以往的思考习惯，接受新思想新观念，认同"双创"教育的重要性。理性看待乡村现状及未来发展前景，增强对乡村振兴发展的信心，尤其是对乡村"双创"实践要秉持一种支持的态度，从观念和行动上全力支持子女的决定。随着新时代教育评价改革的深入推进，家庭教育要淡化对间接知识的盲目崇拜，强调子女思维素养的培养。树立终身教育意识，创建学习型家庭，创造一个自由、包容、激励的家庭环境。持续学习现代教育和科学文化知识，在不断探索中寻找知识和答案，减少对"标准答案"的依赖。注重自我独立意识培养，培育"双创"精神并将这种精神外化到日常生活中，激发他们的"双创"内在潜力。家长要给予子女更多的选择空间，给予他们一定的话语权，倾听他们的想法，尊重他们的意见，积极营造尊重与信任、关爱与宽容的氛围。

3. 支持乡村"双创"实践

乡村"双创"实践不仅要转变家庭传统的教育观念、提高家长的思想觉悟、认清当前学校教育新形势、营造宽松的教育环境，更为重要的是要从实际行动上支持乡村"双创"实践。家庭成员要充分支持子女选择感兴趣的职业，做好职业规划，培养其投身乡村"双创"实践的意愿。要及时向子女传递乡村发展变化信息，帮助子女适应乡村"双创"实践环境，培养他们对乡村的感情，为他们投身乡村"双创"实践提供人脉和资金等方面的物质支持。家庭中的亲戚朋友要正视大学生乡村"双创"实践意愿，理性客观评价大学生投身乡村"双创"实践的想法，为他们提供适合乡村发展的"双创"类型建议，并给予适当的人力物力财力支持，增强他们投身乡村"双创"实践的信心和决心。特别是家庭中"双创"实践成功的亲朋好友要积极为大学生讲解乡村"双创"实践项目未来发展方向、规划乡村"双创"实践成功蓝图，激发他们投身乡村"双创"实践的意愿。要积极为家族中的大学生推荐发展前景好的乡村"双创"实践项目，提供实训实习机会，让他们真正接触到实际乡村"双创"实践中所需要的各种技能与知识，超越理论局限，将理论知识应用于具体实践，从实际操作中提升"双创"实操能力。家庭还要经常与学校沟通联系，加深对"双创"特别是乡村"双创"相关政策的了解，让家庭教育和学校教育深度融合，两者合力支持大学生投身乡村"双创"实践。

（五）学生助力

作为新时代最具活力、最富朝气、最善创新的高素质群体，大学生既是高校"双创"教育的主体，也是乡村振兴战略实施的重要生力军。因此，大学生要强化乡村"双创"实践意识，培养乡村"双创"精神，学习乡村"双创"实践知识，丰富乡村"双创"理论，参与乡村"双创"活动，提升乡村"双创"能力，以此来助力地方高校"双创"教育与实施乡村振兴战略的耦合发展。

1. 强化乡村"双创"实践意识

乡村"双创"实践意识是大学生投身乡村"双创"实践的内在驱动力，对地方高校"双创"教育与实施乡村振兴战略耦合发展具有极为重要的推动作用。因此，大学生要充分把握深入实施乡村振兴战略的时代机遇，综合考虑自身兴趣特长、专业能力和家庭经济实力等多方面因素，尽早做好个人职业生涯规划，有意识地培养和提升自身乡村"双创"意识。强化乡村"双创"实践认知，掌握乡村"双创"实践风险，了解企业运营管理方式，随时关注国家乡村"双创"的最新政策以及"三农"时事新闻，广泛了解国家有关"三农"发展的最新政策及对大学生乡村"双创"

的支持政策。主动走进乡村，调研乡村环境和农业发展情况，及时掌握目前乡村发展环境、乡村"双创"实践机会以及乡村生活条件，进而结合自身所学确定乡村"双创"实践方向。主动融入学校专业教育特别是"双创"教育，主动学习"双创"专业知识特别是乡村"双创"实践技能，统筹整理各种资源，积累和发展投身乡村"双创"实践的人脉，进一步增强乡村"双创"实践的意识与意愿。

2. 学习乡村"双创"实践知识

"双创"实践知识尤其是与乡村"双创"相关的知识是决定大学生能否成功投身乡村"双创"实践自学等关键。因此，大学生要强化乡村"双创"实践知识自主学习。通过必修选修以及自学等方式，主动学习学校开设的各种"双创"相关课程尤其是与"三农"有关的"双创"课程。利用学校通识教育课程平台，学习乡村"双创"相关课程，丰富乡村"双创"方面的知识。积极参加学校各类"双创"培训、乡村"双创"论坛、"新农人"沙龙交流等，入乡进村开展"双创"实践调研，面对面体验乡村"双创"，零距离接触乡村"双创"实践榜样。积极参加地方政府和社会机构举办的各类"双创"培训尤其是与"三农"相关的培训，系统学习乡村"双创"实践知识，主动参与到政府和社会举办的各类乡村"双创"实践活动中去，丰富乡村"双创"实践知识，从中汲取投身乡村"双创"实践的知识与能力，进一步坚定信念和信心。自觉学习投身乡村"双创"实践可能涉及的经济学、管理学、投资学等知识，强化现代市场经济规律、政策法律、经济管理等"双创"必备专业知识学习，强化自身社会交往、团队协作、资源利用和应对风险能力，提升自身心理素质和化解难题的勇气与执行能力。认真学习"双创"融资基本知识，掌握多元化融资技能和方式，为投身乡村"双创"实践打下坚实基础。

3. 提升乡村"双创"实践能力

"双创"实践对成功投身乡村"双创"具有重要指导意义。大学生要充分利用各种资源提升自身乡村"双创"实践能力，利用学校建设的"双创"实验室、创业孵化基地、"双创"示范基地等以及校外与政府、企业行业及乡村等多方主体合作共建的乡村振兴学院、乡村科技创新示范基地、乡村创客互动空间等多元"双创"教育实践平台，实施乡村"双创"实践项目。积极参加"挑战杯""互联网+"和乡村振兴创客大赛等涉农各类"双创"大赛，通过大赛来获取"双创"专家评委、创投机构等各方指导，及时准确诊断"双创"实践项目，在提高自身"双创"综合素质的同时，可有效把控和预见投身乡村"双创"实践可能面临的风险与难题。积极申请入驻地方政府和社会机构提供的"双创"孵化场所，在其运行实践中获得最专业的实践指导。利用家人或朋友资源优势，对接已在乡村实践的"双创"企业、项目或团队，零距离学习企业运营管理方式，不断积累实践经验。依托"青年红色筑梦之旅"等实践平台，走出校门、走向基层、走进农村，广泛开展市场调研，探寻市场需求，积极到乡村田间参与社会实践，到企业进行"实岗挂职"，在实践中不断提升乡村创新素养与创业能力。

参考文献

［1］白清平，朱林鹏. 习近平关于乡村振兴重要论述的时代背景研究 [J]. 长春理工大学学报，2022，35（3）：18-23.

［2］曹麒麟，蒲玉文，张峰. 创业教育现状的几点思考 [J]. 成人高教学刊，2008（1）：45-49.

［3］曹扬. 转变经济发展方式背景下高校创新创业教育问题研究 [D]. 长春：东北师范大学，2014.

［4］曾玲. 乡村振兴与高校创新创业人才耦合培养路径研究 [J]. 经济师，2022（12）：145-146.

［5］陈龙，方兰. 新时代乡村振兴战略的实施方略 [J]. 邓小平研究，2018（5）：132-145.

［6］程涛，郝宇青. 习近平关于实施乡村振兴战略重要论述的三重逻辑 [J]. 学术探索，2022（4）：45-52.

［7］崔玉平. 高校创新创业教育改革的经济意义和行动条件 [J]. 南京师大学报（社会科学版），2016（5）：85-93.

［8］邓小平. 邓小平文选：第 2 卷 [M]. 北京：人民出版社，2008.

［9］邓小平. 邓小平文选：第 3 卷 [M]. 北京：人民出版社，1993.

［10］杜志平，穆东. 基于功能耦合的供应链系统研究 [J]. 物流技术，2005（9）：15-118.

［11］杜志雄. 农业农村现代化：内涵辨析、问题挑战与实现路径 [J]. 南京农业大学学报（社会科学版），2021，21（5）：1-10.

［12］恩格斯. 反杜林论（1878）[M] // 马克思恩格斯选集：第 3 卷. 北京：人民出版社，1972.

［13］房欲飞. 我国大学生创业教育的兴起、现状与挑战 [J]. 交通高教研究，2004（6）：8-9，54.

［14］高志宏，刘艳. 创新创业教育的理论与实践 [M]. 南京：东南

大学出版社，2012.

［15］古翠凤，刘学祝.基于乡村振兴的高职创新创业教育研究［J］.柳州职业技术学院学报，2022，22（1）：79-83.

［16］郭晨朋.乡村振兴视角下乡村文化建设的困境与对策［J］.南方论刊，2021（10）：87-90.

［17］国家统计局.第七次全国人口普查主要数据情况［EB/OL］.ht-tp://www.stats.gov.cn/tjsj/zxfb/202105/t20210510_1817176.html.

［18］国家统计局.中华人民共和国 2020 年国民经济和社会发展统计公报［EB/OL］.http://www.stats.gov.cn/tjsj/zxfb/202102/t20210227_1814154.html.

［19］韩长赋.坚持农业农村优先发展 大力实施乡村振兴战略［J］.农村工作通讯，2019（8）：5-8.

［20］何继新，孟依浩，暴禹.中国高校创新创业政策供给特征及组合评估：一个三维框架的量化分析［J］.黑龙江高教研究，2021（2）：92-99.

［21］亨利·埃茨科威兹.三螺旋：大学·产业·政府三元一体的创新战略［M］.周春彦，译.北京：东方出版社，2005.

［22］亨利·埃茨科维兹.三螺旋创新模式［M］//亨利·埃茨科维兹文选.陈劲，译.北京：清华大学出版社，2016.

［23］胡锦涛.高举中国特色社会主义伟大旗帜 为夺取全面建设小康社会新胜利而奋斗：在中国共产党第十七次全国代表大会上的报告［M］.北京：人民出版社，2007.

［24］胡锦涛.胡锦涛文选：第 2 卷［M］.北京：人民出版社，2016.

［25］胡锦涛.坚定不移沿着中国特色社会主义道路前进 为全面建成小康社会而奋斗：在中国共产党第十八次全国代表大会上的报告［M］.北京：人民出版社，2012.

［26］胡茂波，谭君航.职业教育类型发展与乡村振兴耦合的逻辑、纽带与路径［J］.教育与职业，2022（1）：13-20.

［27］胡敏.地方高校创新创业教育助推乡村振兴的实践探索［J］.品位·经典，2023（9）：104-106.

［28］胡晓风，姚文忠，金成林.创业教育简论［J］.四川师范大学学报，1989（4）：1-8.

［29］胡晓风.教育研究文集［M］.成都：四川教育出版社，1989.

［30］胡志平.中国农村公共服务供给变迁的政治经济学：发展阶段与政府行为框架［J］.学术月刊，2019，51（6）：53-63.

［31］黄丽珠.我国应用型本科高校创新创业教育问题研究［D］.福州：福建师范大学，2019.

［32］黄鑫权.新时代乡村振兴问题研究［D］.贵阳：贵州师范大学，2020.

［33］黄祖辉，傅琳琳.建设农业强国：内涵、关键与路径［J］.求索，2023（1）：132-141.

［34］黄祖辉，姜霞.进一步认识乡村振兴战略"二十字"方针［J］.浙江树人大学学报，2022，22（5）：1-8.

［35］黄祖辉.准确把握中国乡村振兴战略［J］.中国农村经济，2018（4）：2-12.

［36］江泽民.江泽民文选：第1卷［M］.北京：人民出版社，2006.

［37］江泽民.江泽民文选：第2卷［M］.北京：人民出版社，2006.

［38］江泽民.全面建设小康社会，开创中国特色社会主义事业新局面：在中国共产党第十六次全国代表大会上的报告［M］.北京：人民出版社，2002.

［39］蒋永穆，谢强.扎实推动共同富裕：逻辑理路与实现路径［J］.经济纵横，2021（4）：15-24，2.

［40］教育部关于印发《高等学校乡村振兴科技创新行动计划（2018—2022年）》的通知［EB/OL］.https：//www.gov.cn/xinwen/2019-01/04/content_5354819.htm？tdsourcetag＝s_pcqq_aiomsg.

［41］杰弗里·蒂蒙斯.创业学（原书第6版）［M］.周伟民，吕长春，译.北京：人民邮电出版社，2005.

［42］靳晓光.高校创新创业教育的发展阶段、政策逻辑及推进策略［J］.湖北经济学院学报，2022，19（5）：125-131.

［43］李建龙，黎昌金.5G背景下大学生创新创业与乡村振兴融合发展的关键问题研究：大学生创新创业教育课程体系的构建［J］.创新创业理论研究与实践，2023，6（2）：188-190.

［44］李克强.在十三届全国人民代表大会第四次会议上的工作报告［EB/OL］.http://www.gov.cn/zhuanti/2021lhzfgzbg/index.htm.

［45］李晓东.乡村振兴战略的理论渊源和内涵研究［D］.青岛：青

岛理工大学，2019.

［46］李忠岘，陆俊汕，娄自婷. 边疆民族地区高校创新创业教育对大学生职业发展效能的研究［J］. 天津职业大学学报，2022，31（5）：84-90，96.

［47］厉以宁，吴敬琏，周其仁，等. 读懂中国改革：新常态下的变革与决策［M］. 北京：中信出版社，2015.

［48］列宁. 列宁全集：第29卷［M］. 北京：人民出版社，1985.

［49］列宁. 列宁全集：第33卷［M］. 北京：人民出版社，1985.

［50］列宁. 列宁全集：第34卷［M］. 北京：人民出版社，1985.

［51］列宁. 列宁全集：第36卷［M］. 北京：人民出版社，1985.

［52］列宁. 列宁全集：第40卷［M］. 北京：人民出版社，1986.

［53］列宁. 列宁全集：第43卷［M］. 北京：人民出版社，1987.

［54］列宁. 列宁全集：第4卷［M］. 北京：人民出版社，2012.

［55］列宁. 列宁选集：第4卷［M］. 北京：人民出版社，1995.

［56］林崇德，等. 心理学大辞典［M］. 上海：上海教育出版社，2003.

［57］刘朝晖，周和平，蒋加伏，等. 五螺旋创新理论视角下地方高校创新创业教育体系构建［J］. 长沙理工大学学报，2022，37（6）：93-101.

［58］刘明月，汪三贵. 以乡村振兴促进共同富裕：破解难点与实现路径［J］. 贵州社会科学，2022（1）：152-159.

［59］刘照哲. 乡村振兴战略背景下农村创新创业人才建设问题研究［D］. 北京：北京化工大学，2022.

［60］刘镇，周柏春. 乡村振兴战略的学理逻辑、核心旨趣与时代价值［J］. 百色学院学报，2022，35（2）：99-104.

［61］栾培新. 基于STS的创新创业教育研究［D］. 沈阳：东北大学，2018.

［62］罗文双，张亚强. 大学生涉农创新创业教育的内在逻辑［J］. 商洛学院学报，2020，34（4）：69-73.

［63］马克思，恩格斯. 马克思恩格斯全集：第18卷［M］. 北京：人民出版社，1964.

［64］马克思，恩格斯. 马克思恩格斯全集：第22卷［M］. 北京：人民出版社，2014.

［65］马克思，恩格斯. 马克思恩格斯全集：第3卷［M］. 北京：人

民出版社，1960.

［66］马克思，恩格斯. 马克思恩格斯全集：第16卷［M］. 北京：人民出版社，1979.

［67］马克思，恩格斯. 马克思恩格斯全集：第3卷［M］. 北京：人民出版社，1979.

［68］马克思，恩格斯. 马克思恩格斯文集：第1卷［M］. 北京：人民出版社，2009.

［69］马克思，恩格斯. 马克思恩格斯选集：第1卷［M］. 北京：人民出版社，1995.

［70］马克思，恩格斯. 马克思恩格斯选集：第3卷［M］. 北京：人民出版社，1979.

［71］马克思，恩格斯. 马克思恩格斯选集：第4卷［M］. 北京：人民出版社，1995.

［72］马克思，恩格斯. 马克思恩格斯选集：第4卷［M］. 北京：人民出版社，2012.

［73］马克思. 共产党宣言（1847—1848）［M］//马克思恩格斯全集：第4卷. 北京：人民出版社，1958.

［74］马克思. 资本论：第3卷［M］. 北京：人民出版社，1975.

［75］毛泽东. 毛泽东文集：第7卷［M］. 北京：人民出版社，1999.

［76］毛泽东. 毛泽东选集：第4卷［M］. 北京：人民出版社，1991.

［77］梅里利·S. 格林德尔，约翰·W. 托马斯，陈振明. 公共选择与政策变迁：发展中国家改革的政治经济学［M］. 黄新华，陈天慈，译. 北京：商务印书馆，2016.

［78］梅里亚姆—韦伯斯特公司. Merriam-Webster Dictionary［M］. 纽约：梅里亚姆—韦伯斯特公司出版社，1996.

［79］倪祥明. 高校创新创业人才培养与乡村振兴耦合机制研究［J］. 黄冈职业技术学院学报，2022，24（2）：12-14.

［80］潘燕. 少数民族地区高校创新创业教育多元协同助力乡村振兴的路径研究［J］. 就业与保障，2023（7）：175-177.

［81］彭钢. 创业教育学［M］. 南京：江苏教育出版社，1995.

［82］邱均平，刘国徽. 国内耦合分析方法研究现状与展望［J］. 图书情报工作，2014，58（7）：131-136，144.

[83] 盛洪. 外部性问题和制度创新[J]. 管理世界, 1995 (2): 195-201.

[84] 施维, 刘振远. 乡村振兴战略: 新时代"三农"工作的新旗帜和总抓手 [J]. 湖南农业, 2018 (4): 10-12.

[85] 史乃聚, 任俊华. 深刻把握乡村振兴战略的时代内涵 [J]. 人民论坛, 2019 (28): 72-73.

[86] 史乃聚, 杨卓, 李海源. 析乡村振兴战略现实逻辑与实践路径 [J]. 智库理论与实践, 2022, 7 (6): 166-175.

[87] 史乃聚, 杨卓. 乡村振兴战略哲学思考 [J]. 智库理论与实践, 2020, 5 (1): 88-93.

[88] 史沙沙. 地方高校服务乡村振兴的问题与对策研究 [D]. 锦州: 渤海大学, 2020.

[89] 宋妍. 高校创新创业教育与思想政治教育关系研究 [D]. 长春: 东北师范大学, 2018.

[90] 唐建刚. 习近平教育哲学思想探析 [D]. 湘潭: 湘潭大学, 2018.

[91] 陶行知. 陶行知教育箴言 [M]. 哈尔滨: 哈尔滨出版社, 2011.

[92] 王崇锋. 辩证唯物主义原理 [M]. 北京: 人民出版社, 1991.

[93] 王丹. 微博舆情全景生态及思想引领方略研究 [D]. 长春: 吉林大学, 2019.

[94] 王东明. 当代大学生创业教育研究 [D]. 哈尔滨: 哈尔滨师范大学, 2020.

[95] 王娟. 大学生返乡就业创业助力乡村振兴存在的问题及对策 [J]. 乡村科技, 2021, 12 (11): 13-14.

[96] 王蕾. 论大学生创业教育"三层次"递进培养模式 [J]. 中外企业家, 2017 (10): 204-205.

[97] 王玲玉. 区域科技创新与科学普及的耦合性分析 [D]. 合肥: 安徽大学, 2016.

[98] 王秋敏. 地方高校助力乡村振兴的问题与对策研究 [D]. 贵阳: 贵州大学, 2022.

[99] 王瑞. 城乡融合发展: 从马克思城乡关系理论到中国乡村振兴实践 [J]. 中共南京市委党校学报, 2022 (1): 76-84.

[100] 王小萌. 地方高校创新创业教育优化策略研究 [D]. 沈阳: 沈阳师范大学, 2022.

［101］王新宏. 现代管理学［M］. 天津：天津大学出版社，2008.

［102］王馨，李雪萁. 新时代乡村振兴战略的理论透视与实践路径［J］. 东北农业大学学报，2022，20（5）：9-18.

［103］王兴国，徐光平，樊祥成. 惠农富农强农之策：改革开放以来涉农中央一号文件政策梳理与理论分析［M］. 北京：人民出版社，2018.

［104］王占仁. "广谱式"创新创业教育概论［M］. 北京：人民出版社，2016.

［105］王占仁. 中国创业教育的历史发端与科学表述论析［J］. 东北师大学报，2015（4）：181-186.

［106］韦联桂. 生态环境下地方高校"双创"教育与乡村振兴战略实施耦合发展研究［J］. 环境工程，2023，41（1）：296-297.

［107］韦联桂. 新时代大学生创新创业与乡村振兴耦合协同发展研究［J］. 齐齐哈尔大学学报，2022（2）：153-156.

［108］韦联桂. 找准"双创"教育与乡村振兴的联结点［J］. 当代广西，2023（12）：49.

［109］温铁军，杨帅. 中国农村社会结构变化背景下的乡村治理与农村发展［J］. 理论探讨，2012（6）：76-80.

［110］吴焕新. 建设社会主义新农村的发展历程与经验启示［J］. 湖南文理学院学报，2008（1）：33-38.

［111］吴玉转. 乡村振兴战略的创新及时代价值研究［D］. 广州：华南理工大学，2020.

［112］习近平. 把乡村振兴战略作为新时代"三农"工作总抓手［J］. 求是，2019（11）：4-10.

［113］习近平. 高举中国特色社会主义伟大旗帜 为全面建设社会主义现代化国家而团结奋斗：在中国共产党第二十次全国代表大会上的报告［M］. 北京：人民出版社，2022.

［114］习近平. 决胜全面建成小康社会 夺取新时代中国特色社会主义伟大胜利：在中国共产党第十九次全国代表大会上的报告［M］. 北京：人民出版社，2017.

［115］习近平. 习近平谈治国理政：第 3 卷［M］. 北京：外文出版社，2020.

［116］习近平. 习近平谈治国理政：第 4 卷［M］. 北京：外文出版

社，2022.

[117] 习近平. 在两院院士大会上的讲话［N］. 人民日报，2014-6-10（1）.

[118] 习近平. 之江新语［M］. 杭州：浙江人民出版社，2007.

[119] 习近平春节前夕赴四川看望慰问各族干部群众［EB/OL］.http://www.xinhuanet.com/politics/2018-02/13/c_1122415641. htm.

[120] 习近平在 2017 年中央农村工作会议上发表重要讲话［EB/OL］.https://www.gov.cn/xinwen/2017-12/29/content_5251611. htm.

[121] 习近平在 2020 年中央农村工作会议上发表重要讲话［EB/OL］.https://www.ccps.gov.cn/xtt/202203/t20220331_153487. shtml.

[122] 习近平在 2022 年中央农村工作会议上强调：锚定建设农业强国目标，切实抓好农业农村工作［EB/OL］.https://www.12371. cn/2022/12/24/ARTI1671876176764975. shtml.

[123] 习近平在参加十三届全国人大二次会议河南代表团审议时的讲话［EB/OL］.https://www.henanrd.gov.cn/2019/08-23/10944. html.

[124] 习近平在参加十三届全国人大一次会议山东代表团审议时发表重要讲话［EB/OL］.https://mp.weixin.qq.com/s/SRScqS6UIbzaOC4y-7sO2g.

[125] 习近平在广西考察时强调：解放思想 深化改革 凝心聚力 担当实干 建设新时代中国特色社会主义壮美广西［EB/OL］.http://dangshi.people.com.cn/n1/2021/0428/c436975-32090142. html.

[126] 习近平在湖南考察时强调：在推动高质量发展上闯出新路子，谱写新时代中国特色社会主义湖南新篇章［EB/OL］.http://politics.people.com.cn/n1/2020/0919/c1024-31867484. html.

[127] 习近平在吉林考察时强调：坚持新发展理念 深入实施东北振兴战略 加快推动新时代吉林全面振兴全方位振兴［EB/OL］.https://baijiahao.baidu.com/s? id=1673147983841624562&wfr=spider&for=pc.

[128] 习近平在清华大学考察时强调：坚持中国特色世界一流大学建设目标方向 为服务国家富强民族复兴人民幸福贡献力量［EB/OL］.https://www.gov.cn/xinwen/2021-04/19/content_5600661. htm.

[129] 习近平在中央外事工作会议上强调：坚持以新时代中国特色社会主义外交思想为指导 努力开创中国特色大国外交新局面［N］. 光明日报，2018-06-24（1）.

［130］习近平主持召开中央财经委员会第十次会议 强调在高质量发展中促进共同富裕 统筹做好重大金融风险防范化解工作[EB/OL].https://www.gov.cn/xinwen/2021-08/17/content_5631780.htm.

［131］习近平总书记给第三届中国"互联网+"大学生创新创业大赛"青年红色筑梦之旅"的大学生的回信[EB/OL].https://www.gov.cn/xinwen/2017-08/16/content_5217973.htm.

［132］习近平.习近平总书记在全国生态环境保护大会上的讲话［J］.时事报告,2018（4）：1.

［133］夏征农,陈至立.辞海［M］.上海：上海辞书出版社,2009.

［134］向微.贵州省新型城镇化与土地集约利用耦合机理研究［D］.重庆：重庆大学,2017.

［135］向勇.精准扶贫与乡村振兴耦合发展机制研究［D］.南京：东南大学,2020.

［136］谢地,李雪松.新中国70年农村集体经济存在形式、载体形式、实现形式研究［J］.当代经济研究,2019（12）：32-41,113.

［137］谢小飞.马克思、恩格斯关于城乡关系思想及其当代启示［J］.理论界,2019（6）：10-16.

［138］谢志远,等.大学生创业教育转型发展研究［M］.杭州：浙江大学出版社,2012.

［139］邢丹丹.习近平关于乡村振兴战略重要论述研究［D］.桂林：广西师范大学,2022.

［140］熊晴,朱德全.民族地区职业教育服务乡村振兴的教育逻辑：耦合机理与价值路向［J］.教育与经济,2021,37（3）：3-9.

［141］延勃,等.哲学辞典［M］.长春：吉林人民出版社,1983.

［142］闫俊,张博文.高校创新创业教育与乡村振兴战略实施的耦合关系探究［J］.开封大学学报,2021,35（2）：38-41.

［143］杨冬.我国高校创新创业教育政策变迁的轨迹、机制与省思［J］.高校教育管理,2021,15（5）：90-104.

［144］杨欢.退役军人创业与乡村产业振兴的双螺旋耦合机理研究［D］.武汉：华中师范大学,2021.

［145］杨洁."三治融合"乡村治理体系构建研究［D］.兰州：西北师范大学,2022.

[146] 杨亮，谢强. 全面推进乡村振兴战略的三重逻辑与实践路径 [J]. 东北农业大学学报，2021，19（6）：7-16.

[147] 杨荣刚. 列宁农村建设思想及其当代启迪 [J]. 广东技术师范学院学报，2014，35（1）：67-72，108.

[148] 杨茹茹. 新时代中国特色社会主义乡村振兴战略研究 [D]. 大庆：东北石油大学，2020.

[149] 杨洋. 应用型本科院校创新创业教育实现途径研究 [D]. 哈尔滨：哈尔滨理工大学，2019.

[150] 袁小平，王仓. 高校创新创业人才培养与乡村振兴战略的耦合机制研究 [J]. 创新，2021，15（4）：52-59.

[151] 张大友. 民族教育功能的失调与矫正 [J]. 长江师范学院学报，2010，26（3）：12-16.

[152] 张红凤，杨方腾，井钦磊. 公共文化服务与经济高质量发展：基于耦合协调度模型的政策启示 [J]. 经济与管理评论，2022，38（2）：58-70.

[153] 张教赟. 乡村振兴战略背景下大学生农村创新创业现状调查研究 [J]. 智慧农业导刊，2022，2（23）：28-31.

[154] 张洁. 乡村振兴战略的五大要求及实施路径思考 [J]. 贵州大学学报，2020，38（5）：61-72.

[155] 张俊杰. 民族传统体育与学校教育耦合发展机理及路径研究 [D]. 兰州：西北师范大学，2022.

[156] 张俊武，陈庆玲. 新常态下高校开展创新创业教育定位和途径研究 [J]. 锦州医科大学学报（社会科学版），2017，15（2）：88-90.

[157] 张立，范芹. 高校双创人才培养与乡村振兴战略的耦合机制 [J]. 经济问题，2022（9）：52-59.

[158] 张沁洁，王建平. 行业协会的组织自主性研究：以广东省级行业协会为例 [J]. 社会，2010，30（5）：75-95.

[159] 张荣冠，龙先颐. 乡村传统文化的传承与振兴 [J]. 贵州民族研究，2019，40（10）：83-88.

[160] 张廷. 论列宁农村建设思想及其对中国乡村振兴战略的启示 [J]. 贵州社会科学，2019（3）：21-26.

[161] 张晓. 建筑类高校创新创业教育现存问题及发展路径研究

［D］. 长春：吉林建筑大学，2021.

［162］张岩. 习近平乡村振兴战略形成的实践基础和理论创新［D］. 桂林：广西师范大学，2020.

［163］张正河，贾大猛. 新时代新征程加快建设农业强国的战略意义：兼论推进乡村振兴与加快建设农业强国的逻辑关系［J］. 国家治理，2023（2）：15-20.

［164］赵研，纪长伟. 新形势下地方高校双创教育现状及对策路径［J］. 中国商论，2021（22）：178.

［165］珍妮特·V. 登哈特，罗伯特·B. 登哈特. 新公共服务：服务而不是掌舵［M］. 丁煌，译. 北京：中国人民大学出版社，2004.

［166］郑喜园. 应用型高等医学院校创新创业教育研究［D］. 锦州：锦州医科大学，2021.

［167］中共中央，国务院. 中共中央 国务院关于坚持农业农村优先发展 做好"三农"工作的若干意见［M］. 北京：人民出版社，2019.

［168］中共中央党史和文献研究院. 习近平关于"三农"工作论述摘编［G］. 北京：中央文献出版社，2019.

［169］中共中央宣传部. 习近平总书记系列重要讲话读本［M］. 北京：学习出版社，2014.

［170］中华人民共和国中央人民政府. 中共中央、国务院印发《乡村振兴战略规划（2018—2022年）》［EB/OL］.http://www. gov. cn/zhengce/2018-0/26content_5325534. htm.

［171］中央档案馆. 中共中央文件选集：第1册［G］. 北京：中共中央党校出版社，1989.

［172］中央文献研究室. 建国以来重要文献选编：第1册［G］. 北京：中央文献出版社，1992.

［173］中央文献研究室. 建国以来重要文献选编：第4册［G］. 北京：中央文献出版社，1993.

［174］钟春果，郑常鳅. 地方高校创新创业教育助力乡村振兴的思考与对策［J］. 宁德师范学院学报，2022（1）：117-122.

［175］周爱华. 地方高校服务乡村振兴三种模式的特征、成效及困境研究［D］. 青岛：青岛大学，2022.

［176］周建群. 马克思主义经典作家"三农"思想及其对当代的启示

［J］. 长春工业大学学报, 2012, 24（6）: 1-5.

［177］朱志勇. "应然"的实践阐释: 论马克思的实践应然观［J］. 中国人民大学学报, 2004（5）: 67-72.

［178］C FREEMAN. Technology Policy and Economic Performance Lessons from Japan［M］. London: Frances Pinter, 1987.

［179］K E WEICK. Educational organizations as loosely coupled systems［J］. Administrative Science Quarterly, 1976（21）: 1-19.

［180］OECD. National Innovation Svstems［M］. Paris: OECD, 1997.

［181］STEVENSON H. The Heart of Entrepreneurship［J］. Harvard Business Review, 1985（34）: 85-94.

［182］VEFIE L. The penguin directionary of physics［M］. Beijing: Foreign Language Press, 1996.

后　记

　　2017 年 4 月，联合国大会通过决议，将每年的 4 月 21 日定为世界创意和创新日，并呼吁各国支持大众创业、万众创新，此后"双创"教育便成为各高校关注的话题和教育改革实践的重点。笔者在学团工作时期负责大学生"双创"教育及实践相关工作，激发了笔者对"双创"教育深入了解、学习的兴趣。后来，笔者便对"双创"教育的论题特别留意，陆续阅读了一些相关的研究论著，生出梳理与研究这一论题的念头，最终在科研项目申报和职称评审中将自己的主要研究方向确定为"双创"教育。近年来，笔者先后承担了与"双创"教育相关的厅级及以上项目 12 项。2022年，笔者以"边疆少数民族地区高校'双创'教育与乡村振兴战略实施的耦合发展研究"为题成功申报教育部人文社会科学研究一般项目。本书是该项目的结项成果，也是笔者多年来在这个论题上所做研究的一个总结。

　　本书的写作于 2022 年 10 月启动，经多次征求相关专家意见，确定了写作大纲和目录，笔者独自进行了整体规划和研究，并由笔者独自完成撰写，再经反复修改，最终于 2024 年 1 月完稿。本书基于当前实施"众创"和乡村振兴战略的时代背景，以地方高校"双创"教育与实施乡村振兴战略的耦合为切入点，深入分析地方高校"双创"教育与实施乡村振兴战略的耦合机理和耦合关系。本书以边疆少数民族地区高校为主要研究对象，深入探究地方高校"双创"教育与实施乡村振兴战略的耦合现状、存在的问题及其成因，创造性地提出地方高校"双创"教育与实施乡村振兴战略耦合发展机制、策略及路径与措施。本书既有理论角度的总结提炼，又有实践角度的经验推广，为地方高校深化"双创"教育改革提供了理论支撑，也为高校"双创"教育助力乡村振兴战略全面实施提供了有益参考。

　　本书部分章节曾以论文的形式在《环境工程》《当代广西》《齐齐哈尔大学学报》等报刊发表或在学术会议上交流，在此过程中，有诸多师友给予了慷慨无私的指导与帮助。在本书的撰写过程中，笔者得到了广西财经学院科研处的大力帮助，为笔者节省了大量的时间与精力。在此一并表示诚挚的感谢。

衷心感谢西南财经大学出版社的编辑，他们以高度负责任的态度，严格把关，精心编校，为保证拙著的质量付出了辛勤的劳动。诚挚祝福笔者的家人们，他们为笔者的学术研究付出了常人难以理解的艰辛和努力……

韦联桂

2024 年 1 月 1 日